新视野·文化遗产保护论丛

博物馆的多样化发展

单霁翔 著

图书在版编目（CIP）数据

博物馆的多样化发展 / 单霁翔著 .—天津：天津大学出版社，2017.10（2024. 5 重印）
（新视野 · 文化遗产保护论丛 . 第三辑）
ISBN 978-7-5618-5958-2

Ⅰ . ①博… Ⅱ . ①单… Ⅲ . ①博物馆—工作—中国—文集 Ⅳ . ① G269.23-53

中国版本图书馆 CIP 数据核字（2017）第 241614 号

策划编辑 金　磊　韩振平
责任编辑 姜　凯
装帧设计 谷英卉

出版发行 天津大学出版社
地　　址 天津市卫津路 92 号天津大学内（邮编：300072）
电　　话 发行部：022-27403647
网　　址 publish.tju.edu.cn
印　　刷 永清县晔盛亚胶印有限公司
经　　销 全国各地新华书店
开　　本 148mm × 210 ㎜
印　　张 8.125
字　　数 195 千
版　　次 2017 年 10 月第 1 版
印　　次 2024 年 5 月第 2 次
定　　价 58.00 元

自序：把工作当学问做 把问题当课题解

“新视野·文化遗产保护论丛”出版在即，出版社嘱我写一个自序。心怀往昔，愿以时间为轴写出自己简短的感言，希望聚焦有启迪意义的文化历程，也希望表达充满真情实感的“乡愁”。

2011年8月25日清晨接到通知，我将要离开工作近10年的国家文物局，到故宫博物院工作。消息突然，没有精神准备。记得当天上午工作日程是在中国文化遗产研究院做专题报告。一路上，10年来的工作情景在脑海中闪过，想到在走向新的岗位之前，应该对以往工作进行回顾，负责任地进行工作交接，于是到会场后便放弃了已经准备好的多媒体演示内容，改为讲述参与中国文化遗产保护的体会，将近两个小时的畅谈，仍感意犹未尽，充满着回望与寻觅的思绪。

如今看来，当年的工作状态可谓“不堪回首”。就在接到通知那天之前的一周内，还经历了“南征北战”的过程：8月18日在吉林长春为市、县政府领导培训班做文化遗产保护报告；8月20日在西藏拉萨参加中国西藏文化论坛；8月21日在四川雅安参加茶马古道保护研讨会；8月23日和24日在福建福州分别参加全国生态博物馆、涉台文物保护总体规划评审，国家水下文化遗产保护中心福建基地启动，三坊七巷社区博物馆揭牌等活动。

一周数省，这就是当年常态化的工作状况。是什么力量支撑着自己一路前行？除了文物人“敢于担当、乐于奉献”的情结外，恐怕最主要的就是“把工作当学问做、把问题当课题解”的工作方法。不断出现的问题、不断凸现的矛盾和不断涌现的挑战，将时间撕裂成一块块“碎片”，甚至一天之内要进行几次“脑筋急转弯”。如果不能针对闪过的想法及时停下来思考、面对发现的问题及时静下来反思，就会陷于疲于应付、不堪重负的境地。城乡建设大规模展开的时期，必然是文化遗产保护最紧迫、最关键的历史阶段。只有“把工作当学问做、把问题当课题解”，才能在复杂的情况下，夯实基础，居安思危，防患未然；在困难的情况下，深思熟虑，心中有数，底气十足；在紧急的情况下，头脑清醒，敢于直面，坚守底线。

“把工作当学问做、把问题当课题解”的工作方法，需要持之以恒，读书、思考、写作、归纳，早已成为每天的必修课。无论是在考察途中的汽车里，还是在往返的飞机上，抑或是在家中的书桌前，以电脑为伴，将考察的感想、调研的体会、阅读的心得及时记录下来。正是因为这一次次的梳理思绪、深化认识，长期下来，居然积攒下上千万字的记录，包括论文、报告、访谈、提案，林林总总，其中既有“一吐为快”的真实感受，也有“深思熟虑”的肺腑之言，还有“临阵磨枪”的即席表达。将它们汇集起来，既是一个时期实践经验的点滴记载，也是一个时代文化遗产事业的综合纪实，还是一个文化遗产保护工作者不息生命的心灵写作。面对这些海量且繁杂的“原生态”记录，早已萌生出按照内容进行分类归纳的愿望。所幸天津大学出版社伸出援手，以“新视野·文化遗产保护论丛”为名，按照不同内容进行分辑分册，涉及文化遗产保护基础建设、文化遗产保护项目实施和文物博物馆事业发展等诸多方面。

一路走来，吴良镛教授的学术思想始终像一座灯塔照亮我前行的方向。“把工作当学问做、把问题当课题解”，源于吴良镛教授所倡导的“融贯的综合研究”理论框架。就是力图从更广阔的视野、更深入的角度，分析和梳理文化遗产之间的内在联系，探索和建立新的文化遗产类型和相应的保护方式，使制约文化遗产事业发展的重点、难点和瓶颈问题不断得以有效解决。实践证明：文化遗产保护、城市文化建设、博物馆发展，在方法上、尺度上、内容上虽然各有不同，但是三者有着共同的研究对象，三位一体进行“融贯的综合研究”，则可以呈现出中国特色文化遗产保护的新视野。

从1984年进入城市规划部门以来已经30余载，从1994年进入文物系统以来也已经20余年，其间有不少令人难忘的回忆。有幸在职业生涯的最后一站，来到故宫博物院，一方面继续享受紧张工作带来的压力和挑战，另一方面得以将几十年来积累的体会应用于具体实践。今天，更为突出的感受是，只有“把工作当学问做、把问题当课题解”，且加强全程管理，才能使每一项工作都与细节管理挂起钩来，把桩桩件件事情都做得细之又细，才能获得持续发展的后劲。

北京时间2014年6月22日15时19分，从卡塔尔首都多哈传来喜讯，在第38届世界遗产委员会会议上，中国大运河被列入《世界遗产名录》。30分钟后，跨国联合申报的“丝绸之路：长安—天山廊道的路网”也顺利通过评审。作为大运河和丝绸之路保护与申报的参与者和见证者，我格外激动和自豪。2015年5月5日，从文化遗产保护现场又传来好消息，世界文化遗产——大足石刻千手观音造像抢救性保护修复工程竣工，看到“前方”传来修复后的美轮美奂的千手观音造像影像，我激动不已。回想2008年“5·12汶川大地震”后的第8天，我们从四川地震重灾区赶到重庆大足，看望已经800岁高龄的千手观音造像，看到早已满目疮痍的文物本体又被地震殃及，当即决定开展抢救保护工作，将其列为石窟类保护的“一号工程”，如今千手观音造像再现“慈祥的微笑”，得以功德圆满。的确，每当昔日的努力成就今日的收获，都是文化遗产保护工作者最幸福的时刻。

2006年6月10日，我们曾以无比喜悦的心情迎来了中国第一个“文化遗产日”。10年的奋争，10年的坚守，10年的耕耘，10年的收获。再过半个多月，我们又将以无限期待的心情，迎来中国第十个“文化遗产日”。谨以“新视野·文化遗产保护论丛”献给这一节日，献给长期以来用智慧和汗水呵护文化遗产的文博同人，祝愿祖国的文化遗产永葆尊严；献给长期以来用真情和热心关注文化遗产的社会民众，祝中华文化遗产事业蓬勃发展。

2015年5月25日

目 录

关于实现每一个少数民族拥有一座以上民族、民俗博物馆的提案[①]

（2006年3月）

文化的多样性是人类社会活力的源泉和体现，是各个国家和民族宝贵的资源和财富。世界上不同国家、民族创造了绚丽多姿的民族民间文化。当前，随着全球化趋势和现代化进程的加快，人类文明进入全球化和信息化的新时代，但同时也给世界带来“单一”的危险。强势文化对弱势文化的侵吞逐步加剧，一些独具特色的民族文化正在消亡，削弱了人类历史积累起来的文化资源和创新能力。保护民族民间文化，捍卫民族文化的独立，维护文化的多样性，成为世界各国尤其是广大发展中国家面临的一个重大课题。因此，许多国家都在积极探讨保护民族民间文化的有效方式，其中民族、民俗类博物馆的建设得到普遍重视。

我国是一个统一的多民族国家，在漫长的历史进程中，各民族共同筑就的博大精深的中华文明，创造的多姿多彩的灿烂文化，是维系中华民族生生不息、绵延不绝的纽带，是国家统一、民族团结的重要基础。55个少数民族的文化是存在于各个民族地域、城市和乡村中的原生态文化，是中国文化的重要源头和根基，是民族精神

① 此文为在全国政协十届四次会议上的提案，联名提案人：克里木 冯小宁 李延声 杜滋龄 朱乃正 冯骥才 陈晓光 舒乙 吴建民 张文彬 袁熙坤 黄宏 敖德木勒 张会军 王铁城 韦廉 夏燕月 赵汝蘅 叶惠贤 吐尔逊·尤努斯 潘虹 刘锡津 艾青春 谭利华 阿拉泰 耿其昌 潘震宙 杨伟光 盛中国 吴贻弓 吴祖强 李谷一 张平 滕矢初 陈燮阳 王兴东 鲍国安 黄蜀芹 张贤亮

和情感的重要载体。保护民族文化同保护我们赖以生存的环境一样，应受到更加广泛的关注。

甘肃兰州秦腔博物馆

民间传统文化作为传统文化的重要组成部分，留下了无比丰富的物质和非物质文化遗产，是我们宝贵的世代相传的文化财富，也是发展博物馆事业得天独厚的资源条件。中华人民共和国成立以来，特别是改革开放以来，随着经济、社会的全面进步，博物馆事业进入全新的发展阶段，全国博物馆目前已达 2 300 多个，具有中国特色的博物馆体系初步形成。博物馆品类日益丰富，地域分布更加广泛。其中，民族、民俗博物馆及民族地区的博物馆虽然起步较晚，但呈现良好发展势头。全国有 20 余个少数民族已经拥有自己的博物馆。少数民族聚居的西部 12 个省区，“九五”末拥有博物馆 400 余个，“十五”末达到了近500个。贵州、广西、内蒙古、云南民族生态博物馆群的出现，为西部地区博物馆的发展探索出了一条新的道路。其中，贵州民族生态博物馆群是中国与挪威两国政府合作的成功范例。云南省民族博物馆、海南省民族博物馆、黑龙江省民族博物馆、西藏自治区博物馆、新疆维吾尔自治区博物馆、内蒙古自治区博物馆等，已经成为所在地区民族文化遗产的保护、研究和展示中心，在国内外都有相当高的知名度。

随着我国工业化、城市化快速推进，文化生态发生了巨大变化，文化遗产保护面临新的形势和问题。特别是随着生存环境的不断变迁，一些少数民族文化遗产面临迅速消失的危险。基于此，采取有效措施，进一步加强民族、民俗博物馆建设，并作为抢救、征集、收藏、保护、研究和展示民族文化遗产的场所和宣传民族文化、弘扬民族精神、传承民族文明的重要窗口，为构建和谐社会提供优良人文环境，理应成为政府及有关主管部门建设先进文化的重要内容，并积极付诸实践。

近日，《国务院关于加强文化遗产保护的通知》指出，“进一步加强民族文化遗产抢救性保护设施建设，保护文化遗产，保持民族文化的传承，是连接民族情感纽带、增进民族团结和维护国家统一及社会稳定的重要文化基础，也是维护世界文化多样性和创造性，促进人类共同发展的前提。加强文化遗产保护，是建设社会主义先进文化，落实科学发展观和构建社会主义和谐社会的必然要求”，并要求“高度重视博物馆建设”。正在拟定中的国家文物事业“十一五”规划提出，“统筹规划，加强引导，努力构建协调发展的博物馆体系，进一步完善博物馆的品类结构，逐步实现每个民族拥有一个以上的民族、民俗博物馆，弘扬优秀传统文化，保持文化多样性。”

为确保《国务院关于加强文化遗产保护的通知》得到切实贯彻，有关规划目标顺利实现，使民族优秀文化遗产最大限度得到有效保护、传承和弘扬，建议国家财政继续支持民族、民俗博物馆的建设，特别是加大对尚未建立起民族、民俗博物馆的民族地区的扶持力度，在项目、资金等方面统筹规划，给予倾斜性的支持。

重视少数民族文物保护和博物馆建设[1]

（2008年3月6日）

我国是一个统一的多民族国家，在漫长的历史进程中，各民族共同筑就的博大精深的中华文明，创造的多姿多彩的灿烂文化，是维系中华民族生生不息、绵延不绝的纽带，是国家统一、民族团结的重要基础。55个少数民族的文化是存在于各个民族地域、城市和乡村中的原生态文化，是民族精神和情感的重要载体，也是中华文明的重要源头和根基。保护民族文化同保护我们赖以生存的环境一样，应受到更加广泛的关注。

温家宝总理在第十一届全国人民代表大会第一次会议上所作政府工作报告中强调："加强民族文化遗产保护。"保护民族文化，维护文化的多样性，是全球化背景下世界各国尤其是广大发展中国家面临的重大课题。文化的多样性是人类社会活力的源泉和体现，是各个国家和民族宝贵的资源和财富。当前，随着现代化进程的加快，人类文明进入全球化和信息化的新时代，但同时也给世界带来"单一"的危险。强势文化对弱势文化的侵吞逐步加剧，一些独具特色的民族文化正在消亡，削弱了人类历史积累起来的文化资源和创新

① 此文为在全国政协十届四次会议上的提案，联名提案人：克里木 冯小宁 李延声 杜滋龄 朱乃正 冯骥才 陈晓光 舒乙 吴建民 张文彬 袁熙坤 黄宏 敖德木勒 张会军 王铁城 韦廉 夏燕月 赵汝蘅 叶惠贤 吐尔逊·尤努斯 潘虹 刘锡津 艾青春 谭利华 阿拉泰 耿其昌 潘震宙 杨伟光 盛中国 吴贻弓 吴祖强 李谷一 张平 滕矢初 陈燮阳 王兴东 盛国安 黄蜀芹 张贤亮

能力。因此，许多国家都在积极探讨保护民族民间文化的有效方式。

《中华人民共和国文物保护法》中明确规定，反映历史上各时代、各民族社会制度、社会生产、社会生活的代表性实物受国家保护。中华人民共和国成立以来，特别是改革开放以来，随着经济社会的全面进步，文物博物馆事业进入全新的发展阶段。我国有40万处不可移动文物，其中许多分布在少数民族地区。国家文物局相继在少数民族地区实施了边疆考古、大遗址保护、全国重点文物保护单位修缮工程等重大文物保护措施，将有代表性的少数民族文物云南丽江古城、西藏布达拉宫和罗布林卡等成功申报列入了《世界遗产名录》。全国有2400多座博物馆，其中少数民族聚居的西部12个省区有近500座博物馆。贵州、广西、内蒙古、云南民族生态博物馆群的出现，为西部地区博物馆的发展探索出了一条新的道路。在新修订颁布的《文物出境审核标准》中，对少数民族文物实施重点保护，1966年前生产制作的少数民族代表性文物禁止出境。“十五”期间，西藏布达拉宫、罗布林卡、萨迦寺三大重点文物保护工程基本完成。“十一五”期间，又确定实施西藏九大重点文物保护工程。国家文物局还为少数民族地区培训了一批文物保护机构工作人员、工程技术人员、文物鉴定人员，积极探索少数民族文物抢救保护、加强管理和合理利用的有效途径。

随着我国工业化、城市化的快速推进，文化生态发生了巨大变化，文化保护面临新的形势和问题。特别是在文化遗存相对丰富的少数民族聚居地区，由于人们生活、生产方式的改变，生活环境和条件的变迁，民族和区域文化特色消失加快。为此，应采取有效措施，进一步加大少数民族文物的保护力度，加强民族民俗博物馆建设，抢救、征集、收藏、保护、研究和展示民族文化遗产，使少数

吉林中国民族博物馆伊通满族分馆挂牌仪式

民族优秀文化遗产最大限度地得到保护、传承和弘扬。

关于加强少数民族文物保护和博物馆建设的建议如下。

一、加大少数民族地区文物保护力度

结合第三次全国文物普查，开展少数民族文物保护状况的专项调查研究，摸清家底，在此基础上制定保护规划，建立少数民族文物保护工作体系，加强文物保护机构建设及人才培养。目前，第三次文物普查已经进入关键性的第二阶段，以县域为基本单元，实地开展文物调查。鉴于少数民族分布较为集中的西部 10 省区中一些地区从未进行过文物普查，而且县域范围较大，普查的资金保障相对较弱等情况，应在本次文物普查时给予格外关注，在资金保障、人员培训、技术设备等方面给予特殊政策倾斜。同时，建议在“十一五”期间由国家财政设立少数民族文物保护专项经费，加大少数民族文物抢救性保护资金投入，支持引导各地加强民族文物保护、管理和利用。

二、实现每一个少数民族拥有一座以上民族博物馆

中华人民共和国成立以来，尤其是改革开放以来，我国博物馆建设进入了快速发展阶段，一批富有特色的民族类博物馆的相继建立，为少数民族文化遗产抢救保护和展示提供了重要阵地。全国有20余个少数民族已经拥有了展示民族文化的博物馆。但是，我国55个少数民族，还有一半以上没有自己的民族博物馆。建议国家财政继续支持民族博物馆的建设，特别是加大对尚未建立民族博物馆的民族地区的扶持力度，在项目、资金等方面统筹规划，给予倾斜性的支持，逐步实现每个民族拥有一个以上的民族博物馆。重点支持广西民族博物馆、宁夏回族自治区博物馆新馆、贵州省博物馆新馆等重大博物馆建设工程，以及约50座中、小型民族博物馆的抢救性文物保护设施的建设，大幅度改善民族文化遗产保护、研究、展示的基础条件和环境。

三、加快中国民族博物馆场馆建设

以民族文化为主题的博物馆是多民族国家必不可少的文化设施。首都北京作为全国政治、文化中心，尽管已有各类博物馆140座，但是，至今没有一座能够集中系统地展示中华民族多彩文化的国家级民族博物馆。这一状况不仅与我国的基本国情不相适应，而且与我国日益增长的国际地位也不相适应。从1984年起，国家有关部门即开始筹建中国民族博物馆，并经批准正式成立了中国民族博物馆机构。但是由于种种原因，场馆建设工作虽已启动20多年，仍

然未能立项建设。直至今日，中国民族博物馆仍然是一家没有办公地点、没有展示场所、没有成体系文物藏品的“挂牌”博物馆。中国民族博物馆多年来在没有场馆的情况下坚持开展了大量的业务工作，已经拥有 10 万件文物藏品，“十五”期间共举办了 14 场民族文物出国展览，观众近 20 万人次，还开展了一系列有关民族学、博物馆学以及民族文化方面的学术研究等，这些工作为博物馆场馆建设创造了条件。建议国家发展和改革委员会加快中国民族博物馆场馆立项建设步伐，使一个象征全国各民族人民大团结的国家级的民族博物馆早日在祖国首都建成开放，实现全国各民族人民的共同心愿。

关于加快中国民族博物馆场馆建设的提案①

（2008年3月）

我国是统一的多民族国家，少数民族文化遗产种类繁多，数量巨大，是我国优秀文化遗产的重要组成部分，是中华民族凝聚力、国家文化软实力的重要基础和体现。党和政府历来重视少数民族文物工作。中华人民共和国成立以来，尤其是改革开放以来，我国博物馆建设进入了快速发展阶段，一批富有特色的民族类博物馆的相继建立，为少数民族文化遗产抢救、保护和展示工作的发展，提供了重要阵地。

博物馆是一个国家、一个地区、一个民族历史文化的缩影和窗口，而以民族文化为主题的博物馆是多民族国家必不可少的文化设施。当今世界，越来越多的国家开始拥有国家级的民族博物馆。首都北京作为全国政治、文化中心，尽管已有各类博物馆100余座，但是，至今却没有一座能够集中系统地展示中华民族多彩文化的国家级民族博物馆。这一状况，不仅与我国的基本国情不相适应，而且与我国日益增长的国际地位也不相适应。因此，在北京建立一座国家级民族博物馆，对于收集整理我国民族文化遗产，全面反映数

① 此文为在全国政协十一届一次会议上的提案，联名提案人：刘庆柱 张柏 吕章申 高延青 王川平 安家瑶 苏士澍 詹祥生 佘辉 张廷皓 张和平 张学津 耿其昌 杨力舟 赵维绥 张平 郑欣淼 王瑞珠 周岚 崔建华 张俊芳 张桃林 胡珍 韦建桦 李羚 王霞 杨一奔 薛康 林国文 刘志强 周和平 韩方明 王明明 何家英 龙瑞 杜玉波 陈国星 边发吉 李晓林 吴晓青 龙国键 陈凌孚

千年来，尤其是近代以来中华各民族同呼吸、共命运，为国家独立、人民解放、民族复兴团结奋斗的历史轨迹，系统展示多元一体的中华民族文化风貌，增进相互了解，促进民族团结，凝聚各族人民力量，建设中华民族共有精神家园，将起到特殊的作用。

从 1984 年起，国家有关部门即开始筹建中国民族博物馆，并经批准正式成立了中国民族博物馆机构。但是由于种种原因，场馆建设工作虽已启动 20 多年，但是仍然未能立项建设。直至今日，中国民族博物馆仍然是一家没有办公地点、没有展示场所、没有成体系文物藏品的“挂牌”博物馆，社会各界对此反应强烈。另一方面，多年来中国民族博物馆虽然没有自己的场馆，但是，有关业务工作始终没有停滞，开展了大量基础工作，为博物馆场馆建设创造了条件。

一是积极开展民族文物的抢救、征集工作。自建馆以来经过艰苦努力，共征集民族文物近万件，加上国家民族事务委员会系统收藏的民族文物，总数已达 10 万件，对中国民族博物馆场馆的建设打下了坚实的基础。

二是积极开展学术研究。多年来，发表和编辑出版了一系列有关民族学、博物馆学以及民族文化方面的论文、专著，并从全国民族界、博物馆界聘任了众多专家学者和客座研究员。

三是积极开展对外文化交流。仅“十五”期间，中国民族博物馆就 14 次走出国门，交流国家不断增加，演出场次累计达 300 多次，观众 100 余万；展览 14 场，观众近 20 万人次；“多彩中华”项目被国家列为对外文化交流重点项目，多次为国家争得荣誉，社会影响不断扩大。

四是积极举办有影响的民族文化活动。特别是 2006 年和 2007

西藏博物馆

年，连续两年在我国“文化遗产日”期间举办“多彩中华”民族文化节，为宣传民族政策、普及民族知识、弘扬民族文化，增强全社会的民族文化遗产保护意识，作出了积极贡献。

党的十七大报告提出，要牢牢把握各民族共同团结奋斗、共同繁荣发展的主题，保障少数民族合法权益，巩固和发展平等团结互助和谐的社会主义民族关系。同时指出，要坚持社会主义先进文化前进方向，兴起社会主义文化建设新高潮；要加强对各民族文化的挖掘和保护，重视文物和非物质文化遗产保护。这些为民族文化遗产保护工作指明了方向。加快中国民族博物馆场馆建设，是贯彻落实党的十七大精神的迫切需要和重要体现，是社会各界和民族地区各族人民的共同期盼，也是文物博物馆工作者的一致愿望。当前，我国改革开放日益深入，经济建设取得巨大成就，综合国力明显提升，文化遗产保护受到重视。国家已经具备了建设一座现代化的中国民族博物馆的雄厚物质基础和良好社会环境，建设中国民族博物馆正当其时。在此形势下，中国民族博物馆场馆立项建设应抓紧进行。

为此，建议国家发展和改革委员会、国家民族事务委员会加快中国民族博物馆场馆立项、建设步伐，使一个象征全国各民族人民大团结的国家级的民族博物馆早日在首都建成开放，实现全国各族人民的共同心愿。

在全国民办博物馆工作座谈会上的报告

（2009 年 11 月 12 日）

全国民办博物馆工作座谈会

民办博物馆的建设和发展是关系我国文化事业特别是文化遗产事业大局的一个重要命题。改革开放以来，经济快速增长，人民生活水平不断提高，文化事业日益繁荣。其中，一个令人关注的现象是，民间收藏持续升温，民办博物馆应运而生，数量日渐增加。进入新世纪以来，文化体制改革逐步深化，民办博物馆发展更加迅速。

今天，部分民办博物馆馆长、国家有关部门和有关省市文物行政部门的负责人相聚在这里，集思广益，共商我国民办博物馆改革和发展大计。刚才，大家就如何更好地发展民办博物馆畅所欲言，从不同角度、多个侧面谈了很好的想法，提出了比较具体的操作性建议。根据大家的发言，结合我对民办博物馆的一些思考和认识，谈几点意见，供大家参考。

一、充分认识民办博物馆发展的成绩

民办博物馆，顾名思义，是由政府部门以外的社会力量利用民间收藏的文物、标本、资料等文化财产依法设立并取得法人资格，向公众开放的非营利性社会服务机构。

中国的民办博物馆实际上是改革开放的产物，与民间收藏在全国各地的悄然兴起、逐步趋热密不可分。20 世纪 80 年代以来，我国民办博物馆的发展，经历了从自发到自觉，从最初与社会公众分享个人收藏的快乐，到为民间收藏的健康发展寻求合法的存在机制，再到参与有广阔发展前景的博物馆文化体系建设，一步步从无到有，从小到大，渐成规模，在实践中积极寻求健康发展之路。

（一）民办博物馆数量稳步增长，分布遍及全国

截至 2009 年 8 月，除广西、西藏、新疆外，各地文物部门登记注册的民办博物馆为 386 个，为全国博物馆总数的 13.3%，是我国博物馆体系的重要组成部分。

民办博物馆的发展与各地社会经济发展水平、文物资源富集度有着正相关关系。东部地区民办博物馆 191 个，约占全国博物馆总数的 50%。民营经济最为发达的浙江，民办博物馆有 61 个，遥遥领先其他各省区，占全国的 15.8%。山西、河南、四川、陕西等传统文物大省，内蒙古、

云南、宁夏等少数民族文物丰富的地区，民办博物馆数量也较多。

四川乐山市乌木博物馆

民办博物馆的办馆主体主要包括私人收藏家、文化名人、民营企业家、民营企业和社会团体。目前民营企业家、民营企业为创办者的趋势在不断加强。

民办博物馆多属于中小型，馆舍面积多在1000平方米以下。也有一些类型的民办博物馆，占地和建筑面积超过10000平方米，例如北京中华民族博物院、西安关中民俗艺术博物馆、四川建川博物馆聚落等。

（二）民办博物馆的题材异彩纷呈，丰富了我国博物馆的体系结构

较长时间对某些门类文物藏品专注、执着的搜集，使得多数民办博物馆表现出鲜明的专题性特征，陈列展览主题突出，开放内容大多贴近百姓生活。例如浙江61个民办博物馆从内容来看，涉及历

史文物、中草药、珠算、铜雕、领袖像章、书画、民俗工艺、动物标本、古典家具、老相机、微雕、奇石、古代钱币、锁具、眼镜、织锦、剪刀、茶叶、服装、鞋文化、邮电、船文化、竹子文化、湖笔、袜业、名人纪念、中美民间友谊等 20 多个门类。

民办博物馆丰富了博物馆藏品的概念，从对文物的收藏拓展到对具有历史、艺术、科学价值的各类实物的收藏，并以国有博物馆所忽视或无力集中收藏的内容为特色。可以说，民办博物馆的发展，填补了我国博物馆门类上的许多空白。

（三）民办博物馆运行水平稳步提升，社会作用逐渐显现

一是文化遗产保护功能日益增强，促进了民间文化的积淀与传承，拓展了公众文化生活层面。民办博物馆藏品规模越来越大，从初期的家庭收藏馆的数百件，到近年来一些博物馆的数万件，甚至上百万件。例如西安关中民俗博物院收藏各类民俗文物共 3.36 万余件（套）；北京中华民族博物院收藏 56 个民族文物 10 万件；四川建川博物馆聚落据称有 800 万件藏品（包括抗战文物、“文革”文物、民俗文物）；成都华通博物馆在安防、消防、藏品管理方面应用了大量先进的高科技设施设备，该馆引进了先进的陶瓷检测设备和一批优秀的科技人员；黑河俄罗斯民间艺术展览馆收集了 5000 余件俄罗斯艺术珍品，基本陈列荣获第五届全国博物馆十大陈列展览精品提名奖。这些博物馆在文化资源收藏、保护、展示、传播方面不遗余力地开展了大量工作，每年都吸引成批游客和观众前往参观，为丰富百姓文化生活作出了贡献。

二是民办博物馆一般具有较强的观众服务意识和经营意识，在藏品研究和价值挖掘上积极开拓，努力探索适合本馆特点的生存和

发展模式。例如北京睦明堂古瓷标本博物馆的陈列，观众可以触摸展出的瓷片标本。观复古典艺术博物馆自1997年成立以来，每6个月推出一个新的展览，不断吸引观众。深圳玺宝楼青瓷博物馆开设了自然茶艺馆，内设自然标本室、文物鉴赏厅、文艺表演厅、茶艺茶座等多个服务项目。北京松堂斋民间雕刻博物馆为吸引观众，不仅延长开放时间，还尝试了观众参观之后自主决定付费的做法。杭州世界钱币博物馆编写和出版《中国御书钱》《泰国历史钱币》《金钱会及其铸币》等专业书籍14种，有的被列为金融培训教材。重庆中国民间医药博物馆形成了展览—科研—成果推广—生产销售—收益的良性循环。北京古陶文明博物馆开发馆藏秦汉封泥、战国秦汉瓦当的学术艺术价值，制作各种精致的纪念品，在获取增值利润的同时，也突出了本馆特色，传播了传统文化。

三是民办博物馆在参与社会活动、拓展博物馆社会资源方面作出了积极努力，成为所在市、县、社区的重要文化窗口。许多民办博物馆被命名为当地的爱国主义教育基地或科普教育基地以及旅游定点接待单位。广东中山蝴蝶博物馆开馆头三年就接待观众190多万人次。甘肃阳关博物馆年平均接待观众30万人次。北京中华民族博物院是2008年北京奥运会旅游定点接待单位。四川建川博物馆聚落、西安关中民俗艺术博物馆等被列为国家文化产业示范基地。北京中国紫檀博物馆曾接待德国、罗马尼亚、泰国等国的政府首脑和政要参观。北京观复古典艺术博物馆已经成为美国来华游客的推荐参观点。

四是民办博物馆积极尝试构建适合自身特点的博物馆管理模式，为包括国有博物馆在内的公共文化服务机构在管理体制、运行机制方面的改革提供了可资参照的做法和经验。例如北京观复古典艺术博物馆健全以“理事会”为核心的法人治理结构，广州珠江—

英博国际啤酒博物馆采取董事会决策、馆长负责的管理制度，在管理体制和运行机制上区别于国有博物馆传统模式，为博物馆事业发展注入了新的气象和活力。

（四）政府积极扶持，民办博物馆发展环境不断优化

（1）法规从无到有，民办博物馆管理有法可依

国家陆续颁布了《中华人民共和国文物保护法》及其实施条例、《民办非企业单位登记管理暂行条例》《民办非企业单位登记管理暂行办法》《文化类民办非企业单位登记审查管理暂行办法》《博物馆管理办法》等法律法规和部门规章，各地出台的地方性法规，例如《北京市博物馆条例》《山西省实施〈中华人民共和国文物保护法〉办法》《浙江省文物保护管理条例》《甘肃省文物保护条例》《安徽省实施〈中华人民共和国文物保护法〉办法》《陕西省文物保护条例》等，构成了层次丰富的民办博物馆管理法规体系，使民办博物馆的举办有法可依。

（2）探索出台优惠政策，扶持民办博物馆发展

近年来，国家研究出台了一系列扶持民办博物馆发展的优惠政策。2005 年 4 月 13 日，国务院发布了《关于非公有资本进入文化产业的若干决定》，鼓励和支持非公有资本进入文艺表演团体、演出场所、博物馆和展览馆等文化领域。依据《中华人民共和国营业税暂行条例》有关条款，民办博物馆举办文化活动的门票收入免征营业税。依据 2008 年开始实施的现行企业所得税政策，如民办博物馆符合非营利组织的免税条件，可享受免征收入所得税的优惠。《公共文化体育设施条例》规定，社会力量建设公共文化体育设施使用国有土地的，经依法批准可以以划拨方式取得。

浙江紫林坊艺术馆

各地根据国家宏观法规政策，积极探索扶持民办博物馆的具体措施，例如浙江省政府发布《关于进一步加强文物工作的意见》，宁波市鄞州区出台《关于鼓励促进鄞州区民办博物馆发展的意见（试行）》及实施暂行办法，广东省东莞市制定《东莞市关于博物馆之城建设优惠政策的实施办法》，云南省昆明市印发《关于充分利用文物资源大力发展博物馆业的实施意见》，规定民办博物馆在规划建设、土地征用、规费减免、从业人员职称等方面与国有博物馆一视同仁，并给予土地、财税政策优惠和专项资金支持。

（3）在有关部门支持下，各级文物行政部门加强对民办博物馆的专业指导和工作扶持

一是按照《博物馆管理办法》规范申请设立的程序，提供博物馆设立的业务指导和政策咨询沟通，做好民办博物馆成立、变更、注销登记前的审查工作。

二是加强业务指导和帮扶。例如北京市文物局为民办博物馆业务人员代评文博职称，协调民办博物馆的海外文物征集、入关，向相关部门推荐北京市的有特色的民办博物馆。山西举办全省博物馆馆长培训班，吸收民办博物馆馆长参加；对新设立的民办博物馆在陈展设计制作等方面给予专业指导。重庆、甘肃组织文物鉴定专家对民办博物馆馆藏文物进行鉴定定级，指导民办博物馆开展馆藏珍贵文物的建档备案工作。四川、黑龙江对民办博物馆的珍贵文物维修保护提供技术指导。广东对民办博物馆给予学术上的指导，主动组织和邀请民办博物馆参加文物部门举办的国际博物馆日、各类讲座、宣传活动等各项活动，并积极协调民办博物馆选派专业人员到文物系统博物馆实习锻炼或进行轮训，以提升民办博物馆的管理能力和业务水平。

（五）民办博物馆的积极意义

民办博物馆是我国经济、社会持续稳定发展大背景下的公民文化需求增长的必然结果。作为民间力量兴办的机构，民办博物馆一直肩负着传承文化、服务社会的使命，并在生存与发展中日益呈现出植根民间沃土、茁壮繁衍成长的强大生命力，还将日益成为社会参与公共文化发展，促进和谐社会建设的重要力量。

民办博物馆的出现和发展，弥补了国有博物馆所忽视或未列入集中收藏的内容空白，丰富了博物馆的门类和体系，加快了博物馆事业社会化的进程。

民办博物馆将纯粹的私人收藏行为转化为社会行为，提升了民间收藏的境界，整合了民间资源，为社会公共利益服务，促进了博物馆事业的发展。

民办博物馆作为社会文化基础设施的重要组成部分，满足了社会多元文化需求，越来越成为地区的文化中心，在增强地方影响力、促进地方经济发展方面发挥了积极的作用。

民办博物馆凭借其机制灵活的特点，与国有博物馆在竞争中优势互补，相互促进，在合作中相互借鉴，共同进步，推动全国博物馆事业走向繁荣。

民办博物馆的发展推动了博物馆法规和政策体系建设，促使国家和各级政府建立更加灵活有效的博物馆管理体制和机制，提高博物馆事业的发展水平。

民办博物馆发展也促进了博物馆学的理论建设，许多学者更加关注博物馆的社会功能、组织管理和博物馆事业发展的内在规律以及博物馆发展与社会的互动作用，丰富了博物馆学基础理论研究的内容。

二、正确把握制约民办博物馆发展的瓶颈问题

民办博物馆蓬勃发展，取得了不小的成绩。但是由于民办博物馆产生历史较短，目前仍处于一种自主生存、自我完善的状态中。总体而言，民办博物馆在管理运行、业务开展、社会服务方面较之国有博物馆尚存在着较大的差距，还缺乏应有的社会影响力。当前制约民办博物馆发展的主要问题如下。

（一）缺乏完善的法律政策和制度体系

目前我国有多项法律、法规、规章及政策文件均有对包括博物馆在内的公益文化事业的扶持性规定。例如，《公益事业捐赠法》、《企业所得税法》及其实施条例、《博物馆管理办法》等。但是这些法律法规规章及政策文件，大多属于原则性规定，而且主要针对国有博物馆。《博物馆管理办法》虽然对民办博物馆的设立、年检、终

止等作了具体规定，但是由于该办法属于部门规章，法律效力有限，在协调民办博物馆与政府部门之间以及社会各个方面的关系时力度不够。对管理运行不规范的民办博物馆以及大量未经登记即以博物馆名义开展活动的“民办博物馆”的监管不力。

（二）功能不完善

不少民办博物馆“重建设，轻功能”，缺乏长远的科学发展规划，定位不准，功能单一，设施简陋，陈列展览水平不高，服务意识淡薄，社会效益不明显。民办博物馆是一种社会文化行为，但是不少民办博物馆的创办者、管理者对博物馆作为公共文化教育机构的性质、功能、作用及工作程序缺乏足够的了解和认识，不少民办博物馆主要定位于较为单一的行业发展历史、企业文化、个人收藏展示，除了重点的行业内部接待外，作为博物馆应当承担的藏品保管、陈列展览、科学研究、社会教育、公众服务等难于全面开展。

（三）基础工作薄弱

民办博物馆普遍缺乏相应的专业人才，对藏品保护、研究等基础工作重视不够，藏品的清理、鉴定、登记、建档和备案工作基本没有开展，难以为展览和社会服务提供有效支撑。同时，有的民办博物馆在获取藏品和处置藏品时未能遵循法律和职业伦理的规定，有些地方出现的以民办博物馆的名义收购和交易出土文物的情况，在社会上产生了非常恶劣的影响。

（四）内部管理制度不健全，运行状况不佳，资金筹措难度大

与国外民办博物馆依托强大的基金会并由其委托理事会或董事会管理博物馆不同，我国民办博物馆通常由创办者直接经营，博物馆的藏品等财产权经常与其创办者的财产权混淆不清，虽然民办博物

馆必须依法成立理事会，但是真正尝试把理事会的功能落到实处的民办博物馆目前凤毛麟角。由于对现代博物馆的收入结构缺乏了解，民办博物馆对门票收入往往寄托了过高的期望，存在着造血机能差、财务状况不佳的问题。由于资金原因，许多民办博物馆展馆基本靠租用或借用，甚至频繁迁址，使民办博物馆很难拥有较稳定的观众群。

三、努力促进民办博物馆健康发展

从全球范围看，博物馆事业社会化是发展趋势。在博物馆事业发达国家，民办博物馆都占有非常重要的地位。例如，日本近 3 成博物馆为民办博物馆；法国近 4 成博物馆为民办博物馆；美、英等国近 6 成博物馆为民办博物馆，其中包括美国纽约大都会艺术博物馆等举世闻名的重要博物馆。

由于起步晚，我国民办博物馆无论数量还是品质，均与世界先进水平有着较大差距。随着改革开放的深入，文化体制改革的不断推进，我国民办博物馆的发展前景日益广阔。今年以来，国家文物局在国务院法制办、文化部、民政部、财政部、国土资源部、住房和城乡建设部、国家税务总局的大力支持下，加强了对民办博物馆的调查研究，拟订了《关于促进民办博物馆发展的意见》(简称《意见》)，即将联合印发。《意见》立足当前民办博物馆发展的实际，借鉴国内外先进经验，从制度、政策、机制上提出了促进民办博物馆持续、健康发展的具体办法，我们相信必将对民办博物馆的发展产生积极的作用。在此，我想再重点强调以下几个方面。

（一）要切实提高对支持民办博物馆发展重要性的认识

民办博物馆来自于民间、成长于民间、服务于民间，是具有文化普及鲜明特色的文化服务机构，是动员全社会广泛参与，共同构建公共文化服务体系，建设和谐社会的一支重要力量。各地要本着积极鼓励、着力支持、正确引导、依法管理的原则，将民办博物馆纳入国民经济和社会发展规划，纳入文化遗产保护和博物馆事业发展规划，因地制宜，分类指导，制定符合本地民办博物馆发展的相关政策措施，支持、鼓励和引导民办博物馆的健康发展。

（二）要努力优化民办博物馆的发展环境

一是完善法规体系。国家文物局将积极配合国务院法制部门，加快出台《博物馆条例》，从国家层面完善博物馆管理基本制度体系，明确民办博物馆与国有博物馆同等的法律地位。各地文物行政部门要联合民政、文化等行政部门细化民办博物馆准入标准，完善审批程序，健全民办博物馆准入制度。依照《中华人民共和国文物保护法》等法规的规定，加强对拟申办民办博物馆藏品来源合法性和真实性的审查，明确博物馆对藏品的合法所有权。对符合设立条件的民办博物馆，要按照《民办非企业单位登记管理暂行条例》和《博物馆管理办法》的有关规定，及时审核并给予登记注册。要加强对民办博物馆凭证执业、依法办馆的监督，要开展经常性的执法检查活动，严厉打击非法办馆行为，坚决取缔无证执业，规范竞争行为，营造公平有序的发展环境。

二是管理部门加强协调，形成合力。文物、文化、宣传、法制、民政、财政、税务、工商、城管等各相关行政部门和行业组织要加强调查研究，对民办博物馆在创办、开放、发展中遇到的用地、设施、交通、环境、经济来源等方面的具体困难和问题，应给予必要的关注，及时帮助切实解决，保障民办博物馆健康发展。民办博物馆相对于国有博物馆而言，只是办馆藏品、经费来源和举办者不同，其办馆方向、藏品保护、社会教育和服务目标等方面都是一致的。因此，民办博物馆与国有博物馆具有同等法律地位，国家给予民办博物馆的很多优惠政策与国有博物馆也是一致的。对于这一点，我们必须深刻理解，积极争取予以落实。要借鉴国内外经验，推广民办公助模式，完善财税政策，切实帮助解决民办博物馆经费和馆舍保障问题。例如要落实民办博物馆用地和建设等方面与国有博物馆的同等优惠政策，新建、扩建民办博物馆应按照公益性事业用地的有关规定给予优惠，民办博物馆馆舍建设享受同级同类国有博物馆的基本建设优惠；要落实民办博物馆在水、电、气等供给和价格方面与同级同类国有博物馆同等的优惠政策；要落实民办博物馆在税费等方面与国有博物馆同等的优惠政策等。同时对民办博物馆获取的优惠待遇的效果要加强考评和监管，确保国家的优惠政策真正用于博物馆事业。

三是文物部门加强对民办博物馆的专业指导。要积极探索新形势下民办博物馆的管理体制、机制和办法，考虑民办博物馆自愿办馆、自筹资金、自负责任、自主管理的特点，通过法规、政策、标准、评估、督导等措施为博物馆的目标管理和质量管理提供服务。民办博物馆在技术准入、等级评定、人员培训、职称评定、科研活动、陈列展览以及人才、学术的交流、合作、奖励、政府政策信息服务等方面，与国有博物馆一视同仁，同等待遇。对具有门类特点、行业个性或地域文化、民族（民俗）唯一性的民办博物馆，以及致力于抢救濒危文化遗产、填补某领域文化空白或稀缺的新建民办博物馆，给予必要和适当的倾斜性扶持。鼓励国有博物馆对民办博物馆的藏品保护、陈列展览、科学研究等业务活动实施帮扶。加强博物馆行业协会建设，制定行业规范，鼓励民办博物馆加入行业协会，促进行业自律。

（三）要着力于全面提升民办博物馆的办馆水平

一是民办博物馆要严格依照国家相关法规以及《国际博物馆协会职业道德准则》的要求，健全以理事会、监事会为核心的法人治理结构，完善博物馆章程和发展规划，依法自我管理、科学运行，承担相应的社会义务。民办博物馆依法享有法人财产权。对举办者和其他投资者投入民办博物馆的藏品、资产、国有资产、受赠的财产、收取的费用以及办馆积累，应当分别登记建账；民办博物馆存续期间，对博物馆所有资产依法享有占有、使用、收益和处分的权利，任何组织和个人不得侵占和非法干涉。

甘肃阳关博物馆

二是加强民办博物馆的藏品管理。藏品是博物馆赖以生存的物质基础，保障藏品安全并充分发挥其社会作用是博物馆的基本义务。民办博物馆应当依照《中华人民共和国文物保护法》《博物馆管理办法》《博物馆藏品管理办法》等法规、规章和《国际博物馆协会职业道德准则》的要求，加强藏品收集，建立、健全藏品收藏、保护、研究、展示等相关规章制度和藏品总账、分类账及每件藏品的档案，并报所在地市（县）级文物行政部门备案。民办博物馆处置无保存价值的藏品以及民办博物馆终止时的藏品处置，必须进行严格的评估，并报所在地省级文物行政部门审批，民办博物馆不再收藏的藏品应优先转让给其他博物馆收藏。处置藏品所得应当用于博物馆收藏新的藏品、改善藏品保管条件和博物馆日常维护等用途。

三是切实加强民办博物馆展示服务工作。民办博物馆要落实“以质量求生存、以特色求发展”的办馆理念，进一步加强人才队伍建设，加强科学研究，大力提升展示服务水平。要坚持高标准、严要求，把博物馆的特色和品牌建设作为直接关系民办博物馆生存的大事来抓，积极实施品牌战略、特色战略，重点满足社会对优质博物馆文化资源的需求。文物行政部门要加强对民办博物馆陈列展览、社会教育和服务活动的指导，严格基本陈列内容审查，抵制低俗之风。民办博物馆要完善开放服务制度，开展进校园、进社区活动，纳入当地旅游线路，开展博物馆文化旅游活动。根据公平、择优的原则，采用公开招标和政府购买服务的方式，支持民办博物馆参与国民教育体系建设。对于社会服务功能发挥良好、成绩突出的民办博物馆，可按规定将其命名为爱国主义教育基地和青少年教育基地。鼓励民办博物馆积极参与对外文化交流。

大力发展民办博物馆是时代赋予我们的光荣使命，是各级政府义不容辞的责任。让我们以这次座谈会为契机，进一步统一思想、抓住机遇，领导上高度重视，政策上给予倾斜，管理上真正到位，广泛动员社会力量，与时俱进，开拓进取，努力推动我国民办博物馆事业健康发展。

关于进一步促进民办博物馆发展的提案①

（2010年3月）

民办博物馆是为了教育、研究、欣赏的目的，由社会力量利用非国有文物、标本、资料等文化资产，依法设立并取得法人资格，向公众开放的非营利性社会服务机构。今天，民办博物馆的建设和发展，关系着我国文化事业，特别是博物馆事业大局。进入新世纪以来，文化体制改革逐步深化，民办博物馆发展更加迅速。

截至2009年，全国各地文物部门登记注册的民办博物馆有386个，为全国现有总计2900座博物馆的13.3%。民办博物馆已经是我国博物馆体系的重要组成部分。这些博物馆主要分布在东部沿海地区，中部和西部经济欠发达地区分布较少；民办博物馆门类丰富多彩，特色鲜明，规模较小，专题馆居多；办馆主体多为经济实力雄厚的私人收藏家和民营企业。民办博物馆的不断壮大是我国博物馆社会化发展的重要体现，是保护社会流散文物的重要力量。同时在推动博物馆事业的繁荣发展，满足广大民众的精神文化需求等方面发挥着积极的作用。

当前虽然民办博物馆的发展趋势强劲，但是在实践中还存在诸

① 此文为在全国政协十一届三次会议上的提案，联名提案人：樊锦诗 孟广禄 韩书力 刘庆柱 夏燕月 吴祖强 杜滋龄 郁钧剑 张柏 詹祥生 仲呈祥 张海 董良翚 佘辉 侯露 林建岳 陈祖芬 耿其昌 郭瓦加毛吉 席强 杨一奔 田青 龙瑞 高延青 苏士澍 尼玛泽仁 阿拉泰 丹增 刘敏 王霞 赵维绥 吕章申 姜昆 王书平 安家瑶 张廷皓 王川平 杨力舟 宋春丽 冯英 张和平 陈力

多问题。其一，缺乏必要的法律政策。现行的《博物馆管理办法》，虽然对民办博物馆的设立、年检、终止等作出了具体规定，但是由于该办法属于部门规章，法律效力有限，在协调民办博物馆与政府部门之间以及社会各个方面的关系时力度不够。同时，政府对鼓励、支持、规范民办博物馆发展的相关配套政策尚显滞后。其二，功能不完善。不少民办博物馆“重建设，轻功能”，缺乏长远的科学发展规划，定位不准，功能单一，设施简陋，陈列展览水平不高，服务意识淡薄，社会效益不明显。其三，基础工作薄弱。不少民办博物馆缺乏相应的专业人员，对藏品保护、研究等基础工作重视不够，藏品的清理、鉴定、登记、建档和备案工作基本没有开展，难以为陈列展览和社会服务提供有效支撑。除此以外，不少民办博物馆存在内部管理制度不健全、运行状况不佳、资金筹措难度大等问题，也严重困扰着自身的发展。

现就积极鼓励、支持民办博物馆发展提出以下建议。

一是加快出台《博物馆条例》，完善博物馆管理基本制度体系，明确民办博物馆与公立博物馆同等的法律地位。完善审批程序，健全民办博物馆准入制度。要加强对民办博物馆凭证执业、依法办馆的监督，按照法律法规和规章的规定，做好民办博物馆的登记、年检、执业和监督管理工作。要开展经常性的执法检查活动，严厉打击非法办馆行为，坚决取缔无证执业，规范竞争行为，营造公平有序的发展环境，保障合法博物馆的正当权益。

二是比照国家扶持民办学校等公益性事业的优惠政策，明确扶持民办博物馆的政策措施，包括：捐资举办的民办博物馆和出资人不要求取得经济回报的民办博物馆，依法享受与国有博物馆同等的税收及其他优惠政策；国家和有条件的地方设立民办博物馆发展专

云南腾冲和硕大马帮博物馆

项资金；县级以上政府可以采取出租、转让闲置建筑资产等措施对民办博物馆予以扶持；民办博物馆依照国家有关法律、法规，可以接受公民、法人或者其他组织的捐赠，并依照有关法律、法规接受监督；国家对向民办博物馆捐赠财产的公民、法人或者其他组织按照有关规定给予税收优惠，并予以表彰；国家鼓励金融机构运用信贷手段，支持民办博物馆的发展；新建、扩建民办博物馆，应当按照公益事业用地及建设的有关规定给予优惠，博物馆用地不得用于其他用途；民办博物馆在扣除办馆成本、预留发展基金以及按照国家有关规定提取其他必需的费用后，出资人可以依法从办馆结余中取得合理回报。

三是支持民办博物馆依法办馆，全面提高专业水准。首先，民办博物馆要遵守国家相关政策法规和技术标准规范以及国际博物馆协会职业道德准则，健全以理事会、监事会为核心的法人治理结构，完善博物馆章程和发展规划，依法自我管理、科学运行，承担相应的社会义务。其次，民办博物馆要规范藏品管理。藏品是博物馆赖以生存的物质基础，保障藏品安全并充分发挥其社会作用是博物馆的基本义务。民办博物馆应当依照《中华人民共和国文物保护法》《博物馆管理办法》《博物馆藏品管理办法》等法规要求，加强藏品收集，建立、健全藏品收藏、保护、研究、展示等相关规章制度，建立健全藏品总账、分类账及每件藏品的档案，并报所在地市（县）级文物行政部门备案。民办博物馆处置无保存价值的藏品，以及民办博物馆终止时的藏品处置，必须进行严格的评估，并报所在地省级文物行政部门审批。民办博物馆不再收藏的藏品应优先转让给其他博物馆收藏。处置藏品所得应当用于博物馆收藏新的藏品、改善藏品保管条件和博物馆日常维护等用途。第三，民办博物馆要切实加强展示服务工作。要秉承“以质量求生存、以特色求发展”的办馆理念，加强人才队伍建设，加强科学研究，大力提升展示服务水平。要把博物馆的特色和品牌建设作为直接关系民办博物馆生存的大事抓好，满足社会大众对优质博物馆文化资源的需求。

实现考古遗址保护与展示的遗址博物馆①

（2011 年 2 月）

伴随城市化进程加速，经济发展与考古遗址保护之间的矛盾日益突显，以往的考古遗址保护模式和措施，越来越难以抗拒大规模城乡建设对考古遗址的蚕食和破坏，因此，必须在科学保护考古遗址的前提下，更好地协调考古科研、遗址保护、社会展示以及经济社会发展、居民生活改善等多方面的关系。在此背景下的遗址博物馆建设，应具有整体规划性与循序渐进性。当前，亟待探索适应考古遗址保护要求和满足社会公众文化需求的遗址博物馆建设理念。

一、早期遗址博物馆的探索

遗址是指“人类和自然界遗留下来的非移动性文化载体”，从考古学角度，遗址“可细分为城堡废址、宫殿址、村址、居址、作坊址、寺庙址等，还包括当时的一些经济性的建筑遗存，如山地矿穴、采石坑、窖穴、仓库、水渠、水井、窑址等；防卫性的设施如壕沟、栅栏、围墙、边塞烽燧、长城、界壕及屯戍遗址也属此类”。遗址往往占据较大面积，因其较大的体量而不可被移动，因此，也往往具有一定规模的容许人们进入的空间。考古遗址，一般意义上是指“从历史、审美、人种学或人类学角度看具有突出的普遍价值

① 此文发表于《博物馆研究》2011 年第 1 期，第 3 页，2011 年 2 月出版。

的人类工程或自然与人联合工程以及考古地址等地方”。结合我国考古遗址的特点和保护工作实际，考古遗址可以分为旧石器时代古人类遗址，新石器时代文化遗址，各历史时期城市遗址，各类工程遗址，建筑群和园林遗址，石窟寺和石刻遗址，手工业遗址，帝王陵寝和墓葬群等类型。我国目前发现的考古遗址，涵盖了人类社会的各个时期和各种活动，数量庞大、类型多样，这些考古遗址有着丰富的历史文化、地域文化、民族文化的内涵和背景，其复杂性和丰富性是其他任何国家都无法比拟的。正是我国考古遗址类型的复杂性和丰富性，为我国率先进行遗址博物馆理论研究和建设实践提供了得天独厚的条件[①②③]。

关于遗址博物馆，在国际社会还是一个较新的课题。直至20世纪80年代，遗址博物馆在整个世界范围内都缺乏可借鉴的先例，更没有规范性的定义。日本学者小川光旸先生在《亚洲的遗址博物馆——现状与课题》一文中就提到：就遗址博物馆而言，如果想从美国或欧洲寻找学习榜样那简直是毫无意义的。但是我国有关学者对遗址博物馆进行了积极的探讨。早在20世纪50年代，在我国的文物博物馆工作实践中就出现了“遗址博物馆”的称谓，例如1958年第4期《文物》杂志上，就有介绍半坡博物馆的文章，题为《我国第一座遗址博物馆开放》。自1985年张文立先生的《遗址博物馆科学研究的探讨》一文开始，博物馆学者对遗址博物馆的理论与实践探索逐渐增多。20世纪90年代中后期有张理智先生的《遗址博物馆研究》和吴永琪先生等主编的《遗址博物馆学概论》两部关于

---

① 《中国大百科全书·考古学》，608页，北京，中国大百科全书出版社，1986。
② 国家文物局，等：《国际文化遗产保护文件选编》，70页，北京，文物出版社，2007。
③ 陈同滨：《城镇化高速发展进程下的中国大遗址背景环境保护主要规划对策》，载《中国文物报》，2005-10-14（7）。

遗址博物馆的专著，对遗址博物馆的社会功能、考古工作、藏品管理、文物保护、陈列展示、科学研究、管理运营等诸多方面进行了系统研究。其中,《遗址博物馆学概论》一书认为，遗址博物馆是指“在古文化遗址上建立针对该遗址文化进行发掘、保护、研究、陈列的专门性博物馆”。1999 年，中国博物馆学会史前遗址博物馆专业委员会在浙江余姚成立，成为我国与遗址博物馆相关的第一个学术团体[①②]。

广西北海合浦汉代文化博物馆

近年来，一些学者针对遗址博物馆也进行了专门研究。例如崔光海先生在《中国遗址博物馆建筑研究初探》中认为，遗址博物馆是指“在遗址保护区划内，以遗址保护为前提，以遗址价值展示为目的，对文化和自然遗址本体及（或）其附属的可移动文物进行保

① 崔光海:《中国遗址博物馆建筑研究初探》,清华大学建筑学院博士论文,2008 年 10 月,第 5 页。
② 吴永琪，等：《遗址博物馆学概论》，6 页，西安，陕西人民出版社，1999。

护、研究、收藏和展示的专门机构”。张男先生在《遗址博物馆建筑研究》中认为，遗址博物馆是指“建立在遗址之上或遗址区范围内的以保护遗址、研究遗址和展示遗址为其主要任务的博物馆”。综上所述，可以认为遗址博物馆是指“依托考古遗址，以发掘、保护、研究、展示为主要功能的专题博物馆”。由于考古遗址的时空是“发生历史的地点”，因此遗址博物馆具有其他博物馆所不具备的天然情境。“遗址博物馆是博物馆空间内容与形式在时间上相统一的一种形式，两者的时间都是指向过去的同一点，这是遗址博物馆时空的最根本特点。这种在历史时间上自然统一的时空突破了传统博物馆的局限。”李鄂权先生将遗址类博物馆定位于为供保护已发掘遗址或为展示发掘成果而在遗址上修建的博物馆，它涉及政治、宗教、军事、科技、工业、农业、建筑、交通、水利等门类，包含具有丰富历史文化信息的聚落、园林、城址、宫室、陵寝墓葬等遗址、遗址群及文化景观。由此可见，遗址博物馆具有丰富的文化内涵，融历史、文化、科学、艺术以及经济、社会、哲学、伦理等各门知识[①②]。

中国猿人陈列馆，是我国第一座遗址陈列馆。周口店北京人遗址位于北京房山周口店村的龙骨山，附近的山地多为石灰岩，在水体作用下，形成许多大小不等的天然洞穴，其中一条东西长约 140 米的天然洞穴，被称为周口店“第一地点”。1921 年该遗址由瑞典学者 J.G. 安特生 (J.G.Andersson) 首先发现，至 1929 年，我国考古学者裴文中在考古发掘中出土了“北京人”头盖骨，举世震惊，这是华北地区第一个被发现的旧石器时代古人类遗址。1953 年中国科学院拨专款修建了我国第一座史前遗址陈列馆——中国猿人陈列馆。

① 刘迪：《博物馆时空刍议》，载《东南文化》，2009（1），83 页。
② 李鄂权:《关于遗址类博物馆传播功能及相关问题的研究》,载《中国博物馆》,2010(1),34 页。

馆舍位于龙骨山遗址本体片区北面台地“第一地点”遗址的西北方向，建筑面积约 300 平方米，用以介绍 1921 年以来的考古发掘历史和北京人头盖骨化石模型，以及陈列展示考古遗址出土的古人类化石、用火遗迹、石器、骨器、动植物化石等。整个馆舍完全出于简单功能的需要，没有进行刻意的设计。这也是我国第一座建在考古遗址区范围内的展示建筑，创造了考古遗址出土文物就地、就近展示的先例。至今周口店北京人遗址的考古工作时断时续地进行了 80 余年，其出土文物种类、数量之多，都是同时代其他考古遗址无法相比的。中国猿人陈列馆也已于 1994 年更名为周口店遗址博物馆，并于 2002 年再次更名为周口店北京人遗址博物馆。

北京周口店遗址

早期的考古现场一般不会就地建造遗址博物馆，而是将出土文物从考古地点移送到文物库房或博物馆，这也是考古工作完成的标志之一。陕西西安半坡遗址的调查发掘和研究是我国考古事业有计划、有组织、有目的的考古研究工作中，最早付诸实践的一项任务。石兴邦先生曾经主持半坡遗址的考古发掘，他在《史前时期的文化遗址——记半坡遗址的发掘》的回忆中写道："解剖大房子费的力气最大，这个房子的墙修得又宽又坚实，墙壁厚达二十多厘米，里面夹的树枝、草和泥土，团成一块，坚如砖石。一块块打下来，再打成碎块，在里面搜求包含物。就这样将这个房子全打成碎土块，里面并没有太多太特殊的包含物，都是杂草和树枝。如果是现在就不费那么多的事，解剖典型的几个部分就行了。但那时有一种'打破砂锅问到底'的彻底精神，就怕遗漏了什么。后来，半坡博物馆要恢复这个大房子，见原来的屋基发掘出来后，一点墙的影子也没有，叫人非常失望，我才感到为那个时候的彻底精神而后悔。当初我们不知道后来要建博物馆的事。……我们将不同类型的房子都这样解剖了，我们对建筑结构和内涵弄清楚了。在当时看来，从考古研究的角度说，这样是对的、应做的。但在博物馆成立后，原貌没法展出就觉得遗憾了"[①]。

半坡遗址位于西安东郊灞桥区浐河东岸半坡村北，在 1953 年灞桥火力发电厂施工中偶然发现，是世界上较早发现的完整原始聚落群遗址之一，也是典型的新石器时代仰韶文化聚落遗址。1954 年以后的数年间，中国科学院考古研究所对半坡遗址先后进行了 5 次考古发掘，发掘面积达 1 万平方米，共发掘出房屋遗址、圈栏、洞穴、各类墓葬以及生产工具和生活用具等近万件文物。当时，北京大学师生提出在半坡遗址考古工作告一段落后，在现场举办一个面

① 吴高蒙河：《这些令人遗憾的考古失误》，载《解放日报》，2009-12-18（19）。

向公众的考古成果展览，展览分为两部分，一部分是现场展示考古遗址出土的文物，另一部分是展示现场发掘的房屋、瓮棺等遗迹，这两部分都由师生们轮流值班讲解。前来参观展览的民众十分踊跃，一时轰动了西安市。展览活动延续了将近一个月的时间，参观者累计达到10余万人，成为当时文物考古和博物馆界的一件盛事。这次考古发掘成果展览，为半坡遗址的保护和遗址博物馆的建立，形成广泛的社会舆论，打下良好的民众基础。1956年，郑振铎、王冶秋先生提出建议，将半坡考古遗址完整地保存下来，建造一个博物馆，供游人参观，有利于宣传“历史唯物主义和进行爱国主义教育”。同年，半坡博物馆开始动工，并于1958年正式对外开放。

西安半坡博物馆，是我国第一座史前考古遗址博物馆。在整个20世纪60年代，都代表了我国考古遗址博物馆的最高水平。半坡遗址揭露面积约10000平方米，分为居住、制陶、墓葬三个区域，居住区是村落的主要组成部分。西安半坡博物馆的总建筑面积为6590平方米，出土文物陈列室主要展出在半坡遗址发现的生产工具，有石器、渔具、纺轮、骨针等，介绍半坡人生产活动的各种场景和半坡人的社会生活、文化艺术以及各种发明创造，本着“就地发现、原貌保存”的原则，生动而具体地展现了先民开拓史前文明的艰难足迹。遗址大厅建筑由两组拱形屋顶结构组合而成，跨度33米的钢木混合桁架完整地覆盖了发掘后的考古遗址。西安半坡博物馆也是我国第一座直接在考古遗址发掘现场上建立的遗址博物馆，其中遗址大厅内保存着原始村落的一部分，面积约3000平方米，有房屋、窖穴、圈栏及大围沟等遗迹，展示了原始村落的面貌。西安半坡博物馆的建立表明人们对考古遗址的认识已经从单纯的保护，提高到在保护基础上的科学展示和深入研究。当年博物馆的建筑图纸上注明，“本平面图纸方位应根据遗址实际情况及测绘图参照进行施工，以柱子位置不影响遗址为原则”。说明当时针对遗址博物馆建筑和建设过程中考古遗址的保护问题，已经有了基本的认识。

此后，随着一些大型古代遗址考古发掘和保护观念的加强，我国的遗址博物馆数量逐年增加，其中定陵博物馆、秦始皇兵马俑遗址博物馆的建立，在世界范围的遗址博物馆建设方面具有重要意义，也代表了当时我国遗址博物馆的发展水平。定陵位于北京昌平大峪山下的明十三陵陵区中部偏西，是明神宗万历皇帝朱翊钧和孝端、孝靖两皇后的陵墓，建成于 1590 年。此后，定陵的地面建筑曾经历过 3 次大火，仅存建筑遗址。定陵是我国以科学研究为目的有计划地主动发掘的帝王陵寝。在定陵发掘之初，就确定了建设遗址博物馆的目标。郭沫若、沈雁冰、吴晗等专家在请示报告中写到，“陵墓发掘后，就原址建立博物馆，将出土器物整理陈列”。1956 年至 1958 年，定陵由夏鼐先生主持进行发掘，墓室由前、中、后殿和左、右配殿组成，全部用石材垒砌起券，高大宽敞，总面积达 1 195 平方米，出土各类器物总计 2000 余件。定陵博物馆是我国第一座利用考古遗址的地下遗存建立的遗址博物馆。1959 年成立的定陵博物馆，依托地下宫殿对考古发现的文物进行原地展示，将其分设两个展厅，分别展示与皇帝、皇后相关的文物、资料和举世罕有的随葬品。同时，整个定陵陵寝遗址和保留下来的陵门、明楼和宝顶等古代建筑本身也是遗址博物馆的展示内容。

秦始皇兵马俑博物馆是目前国内规模最大的遗址博物馆。1974 年，临潼县骊山镇农民在秦始皇陵东 1.5 公里的地方打井时，发现了用泥土烧制的陶俑，经考古勘探和试掘，发现了秦始皇时代的兵马俑。秦始皇兵马俑的发现，被世人称为 20 世纪考古史上最伟大的发现之一。遗址博物馆于 1975 年筹建，在 1 号坑上建起拱形展览大厅，并于 1979 年 10 月落成开放，很快在国内外引起了轰动。随后 3 号坑展览大厅也于 1989 年 9 月落成开放。作为典型的陵寝和墓葬群遗址博物馆，秦始皇兵马俑博物馆的选址延续半坡博物馆在遗址上建馆的思路，展览大厅直接建在兵马俑坑之上，根据兵马俑坑的规模、展示的要求，分别以不同形式的大跨度结构加以覆盖，展览大厅向观众展示出丰富多彩的兵马俑坑发掘现场和坑内出土的高大兵马俑群。其中 1 号坑出土陶俑 1087 个、陶马 32 匹、战车 3 辆、兵器 4 万余件，依据排列密度推算，坑内可出土陶俑、陶马 6000 余件。伴随着持续的考古发掘以及新的发现，秦始皇兵马俑博物馆对考古遗址的展示研究和实践仍在持续，百戏俑坑博物馆、文吏俑坑博物馆也将于近期建成开放。同时，1998 年，陕西省正式提出建立秦始皇陵博物馆的构想，“计划由秦俑博物馆、石铠甲坑博物馆、马厩坑博物馆等多个独立博物馆，设立一个统一的机构，就是秦始皇陵博物馆”。

20 世纪 60 至 70 年代的一些考古发掘成果，为后来的考古遗址博物馆建设提供了契机和依据，例如临淄齐国故城遗址（1964 年）、元谋人遗址（1965 年）、满城汉墓遗址（1968 年）、西夏王陵遗址（1972 年）、吴城商代遗址（1973 年）、西汉大葆台西汉墓遗址（1974 年）等，后来均建设了考古遗址博物馆或相关设施。但是，也有一些重要考古遗址，由于条件不具备等因素，没有建设考古遗址博物馆，例如 20 世纪 70 年代初长沙马王堆汉墓的考古发掘，为研究西汉初期手工业和科学技术的发展以及当时的历史、文化和社会生活的方面，提供了极为重要的实物资料，但是由于条件的限制，出土文物采取巡回展示和易地展示的方式，把重心放在举办“出土

陕西西安秦始皇兵马俑博物馆

文物展”等常设专题陈列展览上，而考古遗址本身没有成为保护和展示的重点，予以重视。另一方面，早期的一些考古遗址博物馆，除了对考古遗址进行空间覆盖以外，因为认识水平和条件的限制，在很多情况下都只考虑遮风挡雨的基本保护功能，而没有考虑或较少考虑长远发展，考古遗址展厅建筑设施不全，留给辅助陈列的空间和观众活动的空间严重不足，较少考虑考古遗址的保护问题，在博物馆的建筑形式上也没有能够更多探讨与考古遗址、陈列展示内容等的关系。

大葆台西汉墓博物馆是我国第一座汉代墓葬博物馆，建成于1983 年。大葆台汉墓是一座西汉中晚期的诸侯王陵墓，位于北京丰台黄土岗，1974—1975 年进行考古发掘，发现按西汉天子葬制修建的纯木结构地宫，底面积417平方米，由墓道、甬道、外回廊、黄肠题凑、内回廊、前室和后室几部分构成，顶和底部以及四壁均以木炭和膏泥密封，史称“梓宫、便房、黄肠题凑”制，是研究西汉帝王葬制的珍贵实物资料。大葆台西汉墓博物馆的基本陈列由1号墓墓室复原陈列、殉葬车马陈列、汉车复原陈列和出土随葬器物陈列四部分组成。遗址博物馆的主体部分直接建在1号墓墓室之上，就地复原墓室并对出土文物进行原地展示。博物馆建筑形式采用覆斗造型，隐喻汉代陵墓体型特点，使地表建筑与地下墓室以及外部环境尽量融为一体。在遗址博物馆内，从展厅入口处开始，步步下行。在墓道中的车马坑处，将参观路线所经之处标高降低，这样既可以降低建筑层高，使观众能够清晰地看到车马坑遗址，同时又有深入地下之感，以此求得建筑形式所表达的文化内涵，与陈列展览主题内容协调统一。这一构思对于此后陵墓类的遗址博物馆建筑造型有一定影响。另外，在遗址博物馆的建筑体量与周边环境的关系以及利用建筑技术保护考古遗址等方面，也作出了有益的探索。

南越王墓位于广州象岗，是第二代南越王赵眜之墓，始建于公元前120年左右，1983年6月在城市建设时被发现，随即进行考古发掘，因历史上未被盗掘而保存完好，是岭南地区出土文物最多、考古收获最大的一座汉墓。南越王墓墓室深埋在岗顶之下20米的腹心深处，用红砂岩大型石块构筑，出土玉器、青铜器、印玺等1000余件。1985年，着手加固保护考古遗址，并决定就地辟建遗址博物馆，建筑设计师为莫伯治、何镜堂两位岭南派建筑大师。西汉南越王墓博物馆，在构思阶段就明确“突出以古墓为主题，保持遗迹的历史纯洁性和历史可读性，参照《威尼斯宪章》的原则，在遗迹与新构筑之间，外观识别要有明显的区分，不以今损古，不以假乱真”，即以现代博物馆的功能和布局要求为依据，以考古遗址为中心，以相关的考古遗址保护规则为依据，尊重考古遗址的环境。博物馆建筑采用古典庭院建筑的空间结构体系，以墓室原址为中心确定两条垂直的轴线，将综合陈列馆、墓室、主体珍品陈列馆通过回廊组织起来。博物馆建设分为两期，分别于 1989 年和 1993 年完成，被普遍认为是代表 20 世纪 80 年代最高水平的博物馆建筑设计之一，也是尊重历史环境和地域文化，具有独创性的遗址博物馆代表性建筑设计。

广东西汉南越王博物馆

伴随考古遗址保护项目的推进，越来越多的遗址博物馆设计者更加关注考古遗址本体与环境的维护，而对博物馆建筑形式的表现保持克制。这种思路以保护考古遗址的真实性和完整性为前提，以对历史信息和背景环境的最小干扰为原则，重新理解遗址博物馆在选址建设、功能组织和表现形式等方面应该遵守的理念和规则。例如河姆渡遗址博物馆、敦煌石窟文物保护研究陈列中心等，都是这一时期遗址博物馆选址建设可资参考的例证。1973年发现并发掘的浙江余姚河姆渡遗址，出土了丰富的稻作农业遗存以及大量生产生活遗物，堪称距今7000至5000年间宁绍地区史前社会的缩影。特别是考古遗址内保存良好的早期“干栏式”木结构建筑遗迹，出土建筑木构件数千件，包括长圆木、桩木和木板等，其中凿卯带榫的构件100余件。这一发现将我国使用榫卯结构的建筑历史大大提前，在古代建筑史上具有特殊意义。1993年，河姆渡遗址博物馆作为史前遗址类博物馆对外开放，馆舍位于考古遗址的建设控制地带内，紧临保护范围。博物馆群体布局采用化整为零、错落布置的手法，以减少对考古遗址环境的影响。六个相对独立的建筑通过连廊组合相接，使建筑与自然景观相互融合。遗址博物馆展示内容以田野考古发掘的成果为核心，依据考古发掘报告，在展厅内复原考古探方，立体展示各个层位的土色变化与出土器物的对应关系，使参观者直观地了解河姆渡遗址从产生到走向衰落的过程。

敦煌石窟文物保护研究陈列中心是我国第一座石窟类遗址博物馆，也是在考古遗址保护范围内建设遗址博物馆的成功范例。最初建设地点拟选址在莫高窟窟区的重点保护区内，即宕泉河西岸，后经研究为保护考古遗址的完整性，将选址移至重点保护区之外的宕泉河东岸一般保护区内，与莫高窟隔河相望，避免了对敦煌的考古遗址和历史空间环境的干扰。为使博物馆建筑与整体文化景观协调，规划设计方案采取含蓄的建筑形象。选择以5~6米的平缓丘陵作为建筑用地，将建筑物掩置于丘陵山体之内，两层陈列中心的大部分埋入地表以下，使建筑物与地形连成整体，仅保留博物馆出入口广场，最大限度地保护环境原貌，既减小建筑体量和形象对莫高窟历史环境的影响，又对严酷的气候条件具有隔热效果。建筑外墙采用在敦煌当地烧制的大型青砖，表面做锤花饰面处理，既给人以质朴的印象，又使人能感觉到历史的沧桑，使建筑色彩和质感都能与周边环境自然地产生对话。同时，封闭沉稳的建筑性格也与这一地区戈壁沙漠的典型气候相呼应。1994 年，敦煌石窟文物保护研究陈列中心建成开放，现代博物馆应具备的功能内容一应俱全，包括复制洞窟展厅、壁画临摹品展厅、文物展厅和影像放映厅以及文物库房和保护研究所。

甘肃敦煌藏经洞陈列馆

长期以来，在国际上对考古遗址的展示以露天遗址公园为主，而附属文物以易地展示为主，直到 1956 年 12 月，联合国教科文组织在新德里通过的《关于适用于考古发掘的国际原则的建议》中才开始提出“在重要的考古遗址上，应建立具有教育性质的小型展览

（可能的话建立博物馆）以向参观者宣传考古遗存的意义”。苏东海先生在《遗址博物馆学概论》的序言中，回顾1965年在联合国教科文组织的支持下，考古遗址保护工作从国际博物馆协会分裂出来，把考古遗址和博物馆分离开，致使“国际博物馆界对遗址博物馆的实践和研究至少晚于中国20年以上”。当时，我国的文物保护和博物馆体系独立于欧美主导的国际组织之外，同时我国的考古研究与博物馆工作始终统一归口文化文物部门管理，这也是我国在遗址博物馆建设方面的优势。从遗址博物馆的建设实践中，人们逐渐认识到考古遗址保护是一项长期而艰巨的任务，在实施过程中会面临新的问题和挑战，必然伴随着更加深入的思考和更加审慎的决策。在这一过程中，我国文物保护工作者对于遗址博物馆的建设理念、工作思路和方式方法，也会不断取得新的理解和进步，不断被引向更加多样的形式和更加广阔的天地。经过一系列实践，必将使人们得以重新认识遗址博物馆建设的长远意义和战略作用。

二、新时期遗址博物馆的实践

我国遗址博物馆具有多种类型。按照博物馆建筑选址位置和建设方式可以分为，直接建设在考古遗址上面的遗址博物馆、建设在考古遗址保护范围内的遗址博物馆、建设在考古遗址建设控制范围内的遗址博物馆和建设在考古遗址附近的遗址博物馆四种基本模式。第一种选址和建设模式，即直接建设在考古遗址上面的遗址博物馆，往往以建筑物覆盖考古遗址空间，以遗址现场为主要展品，同时达到考古遗址保护的目的；第二种选址和建设模式，即建设在考古遗址保护范围内的遗址博物馆，往往以建筑物覆盖部分重要的考古遗址，与保护范围内的其他考古地点形成整体性的考古遗址保护展示空间；第三种选址和建设模式，即建设在考古遗址建设控制范围内的遗址博物馆，往往将博物馆作为整个考古遗址的展示中心，展示考古发掘成果，并可以就近参观保护范围内的考古遗址；第四种选址和建设模式，即建设在考古遗址附近的遗址博物馆，是将博物馆建在已经探明的考古遗址保护区以外、并与考古遗址密切相关区域，距离考古遗址不远，以展示考古遗址出土文物和相关信息为主。以上四种遗址博物馆的选址和建设模式，分别确立了博物馆建筑与考古遗址的不同位置关系，对考古遗址的保护和遗址博物馆的展示方式产生不同影响。

在遗址博物馆中，采取第一种选址和建设模式的情况较多。例如志丹苑元代水闸遗址发现于 2001 年，经过 2002 年的考古试掘，2004 年的小范围考古发掘和 2006 年开始的全面发掘，考古工作获得重要收获，一座呈对称八字形的水闸遗址完全呈现。元代水闸位于一条已淤塞的吴淞江支流上，曾是江南地区通往东海的主航道，此后航运功能被明代开挖的黄浦江所替代。水闸遗址面积 1500 平方米，在宋代水闸营造的基础上建造，是长江口海岸水利工程的重要标志，从闸门到驳岸、外墙、固水的石面构造、用材，都堪称是此类水利工程的先驱，也是迄今我国保存最好的元代水闸遗址，对研究古代水利工程、吴淞江历史变迁、上海城镇发展历史均具有重要的学术价值。同时，元代水闸遗址的发现，证明上海早在 700 多年以前就已经有了大规模的水利工程建设，也是上海航运史最早的实物见证，填补了我国这一领域考古研究的诸多空白。为了更好地整体保护考古遗址及出土文物，按照“遗址整体保护，水闸原位保存，文物原样保护；建设遗址博物馆，遗址及其文物今后将保存于博物馆室内”的原则，历经长达 8 年多的遗址考古发掘与遗址博物馆筹建，2009 年 11 月，上海元代水闸遗址博物馆正式开工建设，将成为上海第一个遗址博物馆。通过参观这座遗址博物馆，人们可以获得对考古成果和考古遗址保护更加全面、深入、系统的认识。[①]

在遗址博物馆内，遗址本体保护应始终放在第一位，对于考古遗址资源的利用，要符合可持续发展要求，考古遗址展示应在遗址本体保护与展示效果之间寻求平衡点，采取科学、有效的方法。洛阳周王城天子驾六博物馆，是在城市建设过程中发现古代文化遗址，及时调整建设方案，直接在考古遗址上就地建设遗址博物馆的实例。该博物馆位于洛阳市中心，东周王城遗址区的东北部。2002 年原计划在此建设河洛文化广场，但是在施工过程中发现了古墓葬群，经过考古勘探和发掘，发现了六马驾驭的“天子之乘”，并在广场 3 万平方米的范围内，共发现 710 座东周时期墓葬和 36 座陪葬坑。鉴于考古遗址和出土文物的重要性，洛阳市决定修改原城市广场的设计，改建成以展示东周文化遗存为主的东周王城广场，并建设原状保护和展示考古遗址的“周王城天子驾六博物馆”。周王城天子驾六博物馆的规划设计，探索现代城市广场与考古遗址博物馆共生的方式，采用馆舍建筑与环境景观相结合的整体设计手法。博物馆建筑主体利用发掘后地面与城市地面之间的高差，将建筑体量大部分埋于地面以下，地面部分采用仿陵墓封土的覆斗形建筑形式，由于考虑与考古遗址整体景观相协调，限定遗址博物馆的建筑高度，外观形象尽量淡化，使较长尺度的博物馆建筑体量掩映在绿地、鲜花、树木之间，消隐在广场的文化景观之中。而陈列展厅则强化考古遗址整体形象，通过简明、大方、实用的设计，满足遗址博物馆的使用功能。

面对考古遗址的多样性，遗址博物馆的功能设计开始从多学科

① 曹玲娟：《上海建元代水闸遗址博物馆》，载《人民日报》，2009-11-04（11）。

综合的角度进行思考，积累了有别于其他类型博物馆，而符合考古遗址保护与展示要求的设计经验。白鹤梁水下石刻博物馆，是世界上第一座水下遗址博物馆。白鹤梁是涪陵城北长江中，一条长 1600 米、宽 10~15 米的天然巨型石梁，长年淹没于水中，仅在冬末枯水季节露出水面。其上有自唐广德元年（公元 763 年）至当代的石刻题记 165 段，3 万余字，反映了 1200 余年间 72 个年份的水位情况，堪称“长江水文资料的宝库”。由于三峡水库蓄水，白鹤梁题刻将长久淹没于水下 40 余米处。为了保护这一世界独有的文化景观，并保证对白鹤梁遗址持续进行保护、研究和展示，决定建设一座水下遗址博物馆。但是，由于巨大的深水压力使水下遗址博物馆建设在世界上没有先例。白鹤梁水下石刻博物馆的建设，采用葛修润院士提出的“无压力容器”原理，创建循环水技术保持水下保护体内外水压平衡，集成文物、水利、建筑、市政、航道、潜艇、特种设备等多专业、多学科技术，以实现白鹤梁题刻的原址、原样、原环境的保护和展示。白鹤梁水下石刻博物馆于 2003 年开工，总建筑面积 8 433 平方米，由水下保护体、交通及参观廊道、地面陈列馆三部分组成，2009 年建成开馆，成为水下文化遗产保护的成功范例。

近年来，采取第二种和第三种选址和建设模式，即建设在考古遗址保护范围内的遗址博物馆和建设在考古遗址建设控制范围内的遗址博物馆，数量逐渐增加。汉阳陵博物馆是我国第一座对考古遗址发掘现场实现全封闭保护的地下展示建筑，该馆采用建筑结构技术、环境保护技术等各领域先进技术，成为兼顾考古遗址保护和博物馆建设的成功范例。汉阳陵陵园内有大小不等的外藏坑 190 余个。1998 年对位于帝陵东侧、司马道以北的 10 个外藏坑进行考古发掘，出土大量各种身份的陶俑以及各种质地的生活器具、兵器、木车马和印章、封泥、粮食、肉类、纺织品等物品。为了避免发掘现场暴露而造成考古遗址破坏，并有利于进行持续研究和展示，经过多次组织专家论证，一座建筑面积7000多平方米的遗址博物馆开工建设，并如期建成开放。遗址博物馆采用了具有创新性的建设方案，即由于遗址博物馆与帝王陵寝主体距离较近，因此在10个外藏坑原址上部，采用大跨度结构支撑，将除建筑入口引导墙以外的全部建筑体量置于地下，并将园内绿化植被延伸覆盖至博物馆屋顶结构上部，最大限度弱化新建筑与环境的冲突，保持了考古遗址原有的环境风貌。同时在馆内将考古遗址空间和参观活动空间完全区分隔开，创造了保存彩画和有机质文物的理想环境。这一全封闭的展示方式开创了考古遗址陈列的新途径，受到考古界、博物馆界、建筑界以及社会的广泛关注，并给予高度评价，被称为“汉阳陵模式”。

陕西汉阳陵遗址博物馆

伴随考古遗址公园的建设，一批遗址博物馆相继落成，例如安阳殷墟遗址博物馆、金沙遗址博物馆、隋唐洛阳城定鼎门遗址博物馆等。这些遗址博物馆既对重要考古遗址或出土文物进行保护展示，又通过博物馆选址与建设强化考古遗址的主题。作为考古遗址上的增建内容，遗址博物馆在选址、功能、建造、展示和景观等方面，必须遵守反映真实性和可读性的原则，其中最直接的就是室外建筑形式，清晰的古今并置往往有利于准确传递文化信息。同时，在一些考古遗址保护中，局部采取适宜方式进行保护性复原展示，既有利于保护文物本体，又有利于保持考古遗址的真实性，还能为人们提供立体形象的感性概念，是一种值得探讨的展示方式。但是，保护性复原展示应遵循《威尼斯宪章》关于“任何不可避免的添加都必须与该建筑的构成有所区别，并且必须要有现代标记”的要求，展示依据应具有科学性、可靠性，展示方法应具有协调性、通俗性，展示布局应具有系统性、整体性，展示流线应具有逻辑性、流畅性。由于考古遗址保护性展示所采用的方式、手段、设施都是基于目前的认知水平和技术条件，而认识水平和技术条件必然不断进步，因此，应该通过规模控制、措施可逆等手段，为未来采取更加科学的保护方法和展示方式留有余地。

安阳殷墟博物馆，是在保护范围内建设考古遗址博物馆的成功范例。殷墟遗址从 1928 年开始发掘，先后发现了 110 多座商代宫殿宗庙建筑基址、12 座王陵大墓、2500 多座祭祀坑等，出土了数量惊人的甲骨文、青铜器、玉器等精美文物，再现了辉煌灿烂的殷商文明。几十年来，在殷墟遗址考古发掘中出土的大量珍贵文物，一直妥善保存却无缘与社会公众见面。出于对考古遗址保护和考古遗址参观流线的综合考虑，博物馆选址在殷墟宫殿遗址与洹河河道之间，宫殿宗庙保护区东侧的考古遗址保护范围内。同时，为了维护考古遗址环境的真实性和完整性，“建筑表现得斟酌与克制”，建筑主体完全安排在地下，力争使建筑形式消隐于考古遗址环境之中，只有中央庭院、下沉天井和建筑边界，非常有限的建筑体量突出地面，最大限度地尊重考古遗址的景观环境，而博物馆内部设置了5个展厅、文物库房、研究室、报告厅等功能内容，保障了遗址博物馆功能的发挥。2005年9月，建筑面积3500平方米的殷墟博物馆正式开放。该馆由中国社会科学院考古研究所与安阳市合作建设，集中展示在殷墟发掘出土的文物精品，有效整合了国家和地方保管的文物资源，使大批出土文物回归原生环境，得到妥善的保护与展示，解决了考古成果社会化、普及化的问题，这种互利双赢的做法被称为“安阳模式”。

金沙遗址博物馆建设于考古遗址的一般保护区范围内。该遗址在城市建设过程中被发现，考古发掘出祭祀遗址和大型建筑址、一般居住址、墓葬址以及出土金器、玉器、青铜器、象牙、陶器等各类文物数万件。依据《金沙遗址保护总体规划》，在保护好金沙遗址的前提下，确定金沙遗址博物馆遗迹馆、文物陈列馆、文物保护中心的建筑设计方案和环境景观设计方案。将摸底河以南保存较好的祭祀遗迹区，整体列入金沙遗址保护范围，而遗址博物馆等则规划建设在摸底河以北的一般保护区。2005年3月，金沙遗址博物馆建设正式启动。其中金沙遗址博物馆遗迹馆，采用大跨度钢结构建筑形式保护考古发掘现场，建筑最大跨度达120米，将金沙遗址已探明的祭祀遗迹分布集中区全部覆盖，不但有效地改善了祭祀遗迹发掘现场的环境，也为今后更好地开展考古发掘工作创造了条件。金沙遗址博物馆文物陈列馆建筑造型独特，地下空间利用充分，博物馆建筑与考古遗址环境协调，而由于文物展示空间大跨度无立柱，又为陈列布展提供了良好空间。同时，考虑到考古遗址保护范围地势较低洼以及位于城区的特殊环境，在对金沙遗址保护范围地表实施回填保护后，在周边种植树木遮挡外部建筑，也使新的建筑消隐于绿化之中，改善和优化了金沙遗址的环境。

四川金沙遗址

定鼎门为隋唐洛阳城外郭城的正南门，是隋唐洛阳城中轴线上的标志性建筑。定鼎门遗址作为隋唐洛阳城中轴线最南端的重要建筑遗址，其保护展示工程受到高度关注。从 2006 年 12 月开始，考古人员对定鼎门遗址进行了长达一年的考古发掘。成果显示，定鼎门城门最早的建筑遗址为隋代所建，最晚的为北宋末年所建，说明自隋初至北宋末年定鼎门一直在持续使用，是迄今为止我国发现的沿用时间最长的古代都城城门。2007年3月，隋唐洛阳城定鼎门遗址博物馆开工，2009年10月竣工开馆。遗址博物馆主体为仿唐门楼式建筑，高28.6米，东西长300米，南北宽30~35米，由城门、城墙、城楼和阙楼组成，总建筑面积12600余平方米。遗址博物馆内部空间共为3层，地下一层和地上一层展示定鼎门遗址，其中门道遗址、柱础石等原址展示，地上二层主要陈列隋唐洛阳城考古出土的部分文物。遗址博物馆建筑采用大跨度钢架结构，即在考古遗址上部建设保护设施，既能有效保护考古遗址和出土文物，又能充分展示定鼎门考古遗址的全貌，通过展厅内部的通道，观众还可以近距离观看考古遗址，感受历史的厚重与沧桑。同时，观众站在定鼎门城楼平台上，可以俯瞰国家考古遗址公园的整体景观，感受隋唐洛阳城考古遗址的宏大规模。

河南定鼎门遗址博物馆

从上述这些案例中，可以看到遗址博物馆的发展，给博物馆事业带来的活力和创造力。通过遗址博物馆的建设，使考古遗址得到保护和科学展示，使之作为城市文化传承和发展的重要资源和策略，这一观念已经逐渐得到社会各界的认同。这一观念的普及，也使遗址博物馆的建设数量明显增多。据不完全统计，我国目前已经有遗址博物馆 100 余座，分布较为广泛，几乎所有的省、自治区、直辖市都有遗址博物馆，其中北京、陕西、河南、江苏、内蒙古、辽宁、江西、山东等地比较集中。近年来，结合大遗址保护和考古遗址公园建设，全国各地新建和即将竣工开放的遗址博物馆有 50 座左右。遗址博物馆以其独特的魅力，成为当前最具吸引力的博物馆类别之一，其发展前景广阔、潜力巨大。“遗址博物馆在我国所有的专门性博物馆中一直占据很高的比例，近几年以来其增加的速度已经高过所有其他类型博物馆，并远高于其他专门性博物馆”[①]。但是，也必须看到，遗址博物馆具有文物藏品就地发掘、就地保存、就地展示，文物藏品与出土地点关系清晰，未经“异地”迁移等特点，因此，遗址博物馆的建设与一般博物馆相比，需要处理的矛盾更加集中，更需要全局观念、综合观念和创新观念，无论是选址方案、规划方案，还是建筑设计方案、工程实施方案，均应科学论证，慎重决策。

由于遗址博物馆建在考古遗址保护范围、建设控制地带或与其紧密相关的区域内，通常会对考古遗址及其环境造成不同程度的干预，如果处理不当甚至会使考古遗址的价值受到损害。特别是选址位置和建设规模，往往是决定遗址博物馆对考古遗址干预程度的最重要因素。在遗址博物馆的选址位置方面，一般来说“建在考古遗址上面”“建在考古遗址保护范围内”“建在考古遗址建设控制范围内”和“建在考古遗址附近”的遗址博物馆，对于考古遗址的干预

① 崔光海:《中国遗址博物馆建筑研究初探》，清华大学建筑学院博士论文，2008 年 10 月，第 13 页。

程度往往逐次递减，前两种情况会影响到考古遗址的本体，而后两种情况会影响到考古遗址的环境。在遗址博物馆的建设规模方面，必须明确最低限度干预的原则，尽可能对建筑面积加以限制和压缩。同时，遗址博物馆的建设应力求真实、全面地保存并延续考古遗址及其环境的历史信息与全部价值，无论是功能界定、形式设计、技术标准等，都应以此为基本前提和首要目标，努力使遗址博物馆的建设成为考古遗址保护的组成部分。总之，遗址博物馆具有多功能性，无论在考古发掘、馆舍建设、遗址保护、文物收藏、学术研究、陈列展示等方面都具有内在规律，因此对于遗址博物馆建设的经验，目前还不能认为已经成熟，特别是对于一些正在建设的遗址博物馆应加强指导，例如南越国宫署遗址的保护与南越王宫博物馆建设过程中所遇到的“两难”问题，就引起了人们的持续关注。

南越国宫署遗址位于广州中山四路。1995 年 7 月，通过抢救性考古发掘，宫署御苑中的大型石构水池等重要遗迹第一次展示在世人面前。1997 年，考古人员又发掘出保存基本完整的南越宫苑的曲流石渠遗迹，该石渠与 1995 年发掘的石构水池通过导水木质暗槽相连，组成了宫苑的园林水景，是迄今为止我国发现年代最早、保存较为完整的秦汉宫苑实例。从 2002 年 9 月开始，南越国宫署遗址进入有计划按步骤的科学发掘阶段，通过 5 年多的持续考古，发掘面积近 1.2 万平方米，发现了自秦汉到民国的遗迹和遗物。这些遗迹和遗物层层叠压，厚达 5 米左右，是广州城市发展历史的实物见证。异常丰富的考古发现证明，2000 多年来，这里一直是广州城市中心而未曾改变。南朝、唐、宋地层中发现的大型建筑基址，在规模、结构、布局等方面具有明显的衙署式建筑风格，明、清时期的建筑遗存则具有典型的宅第式建筑特征，其中很多在岭南地区乃至全国尚属于首次发现。由此看来，对于文化内涵极其丰富的南越国宫署遗址来说，不应将考古挖掘的目的定位于某一地层，更不能仅仅清理下层的南越国时代的考古遗址，因为在此之上的历代考古地层都可能拥有珍贵的文化信息，不能只保留“单页”，而必须保留“整部”历史。

南越国宫署遗址由于历史地层的相互叠压、打破，增加了考古研究和考古遗址保护的难度，一个时期考古遗址的发掘和保护，不应对其他历史时期的考古遗址造成破坏。同时，南越国宫署遗址处于寸土寸金的广州繁华市区中心，如何全面地保护和诠释这一重要遗址，客观上也有许多难度。2009 年 8 月，南越王宫博物馆正式开工。南越王宫博物馆以保护、展示遗址和服务考古为主，以出土文物陈列展示为辅，并实现教育宣传、文化休闲等功能。根据南越王宫博物馆的设计方案，在博物馆的底层，将呈现出曲流石渠遗址；在博物馆顶层，将模拟出南越国御花园的大致景观；在地下空间，将可以参观到元代的宫衙遗迹、宋代的房基遗迹、南汉国的宫殿遗迹等。南越王宫博物馆最有创新之处在于留有足够的考古空间，例如针对尚未发掘的南汉国 2 号宫殿考古遗址区域，预留有考古研究空间，未来参观者可以在博物馆内，现场参观考古人员的发掘工作，使人们得以深入而直接地观察 2000 余年来城市的建设与发展过程，了解考古学家如何对待和整理历史遗迹，如何保护城市的珍贵记忆，从而实现考古遗址保护的公众参与，使社会公众切实感受到广州作为国家历史文化名城名实相符，使广大市民对自己的城市更加热爱、更加自豪。

近年来，一些文明古国的遗址博物馆建设经验也值得借鉴。2009 年 6 月和 2010 年 10 月，笔者有幸分别参加了希腊新卫城博物馆开馆典礼和考察了正在建设的埃及国家大博物馆，对这两座遗址博物馆的规划设计思路和理念印象深刻。新卫城博物馆，选址在雅典卫城山丘南侧，距世界文化遗产帕台农神庙的直线距离仅280米。这是一个具有胆略和创新精神的选址，不仅要与1874年建成的旧卫城博物馆相协调，而且要面对既有的考古遗迹和随时可能新发现的考古遗迹，又不可忽视即将蜂拥而至的参观者以及遗址博物馆应有的特色。新卫城博物馆的选址伴随慎重的决策，从1976年开始，先后历经30年的规划选址过程。1989年，新卫城博物馆开工建设后，又因发现敏感的考古遗址，而于1999年宣告建设计划终止。2003年，新卫城博物馆设计方案最终确定，并于2006年正式动工。2009年6月正式开馆的新卫城博物馆，总投资13亿欧元，总面积达2.5万平方米，展厅面积1.4万平方米，展出过去一个世纪以来希腊的重要出土文物，其中雅典卫城出土的大理石雕像珍品4000余件。博物馆的最底层“悬挂”在考古遗址之上，并以强化玻璃“隔与不隔”，参观者从上面经过，可以观赏到脚下的古代房屋与街道遗存。同时，在博物馆内部宽敞明亮的展厅以及顶层帕台农神庙馆展厅，可以近距离领略帕台农神庙的壮观景象，实现出土文物与出土地点之间的“沟通对话”，这些都能够给参观者留下深刻的印象。[①]

2003年6月，埃及政府向全世界公布了埃及国家大博物馆的建筑设计方案与建设计划，这座世界上最大的展示埃及文化的博物馆，位于开罗西南10公里，吉萨金字塔以北约2公里处，建筑规模近10万平方米，未来将容纳10万件馆藏文物。埃及国家大博物馆的建筑设计方案从城市设计的角度，将博物馆看作由城市转向金字塔区域的标志，即将金字塔与开罗之间的区域全部纳入视野，而不仅仅局限于用地范围。通过博物馆“将金字塔与开罗之间的空地变成了具有雕塑感的空间”，一望无垠的沙滩中，简洁优雅的楔形形体极富力度感，

① 方竞成：《希腊文化遗产保护的法律与实践》，载《中国文物报》，2009-08-07（3）。

将金字塔与开罗城、历史与未来紧紧相连，三角形体主题与呈射线分布的轴线关系，抓住了金字塔文化的表象特征，向历史与环境表达了最高的敬意，充分满足了埃及政府提出的在时间与空间上“建立一种美学关系”的要求。永久性陈列展厅位于顶层，从一层入口大厅可直达顶层永久性陈列展厅的大台阶，并从垂直方向组织空间，观众从大厅拾阶而上沿途将经过专题展厅、临时展厅、文物修复保护车间以及开架库房等与观众关系密切的各个功能空间，大台阶顶点处金字塔景观的出现将成为参观者博物馆体验过程的最高潮。埃及政府将正在建设的埃及国家大博物馆视为埃及文化的永恒象征，埃及文化部长F.胡斯尼（F.Hosni）在新闻发布会上指出，一定要把这个博物馆建成一个庞大的文化宫殿，使其成为一面永恒的旗帜[①]。

埃及国家博物馆新址

① 张谨：《沙漠中的宝石——记埃及国家大博物馆》，载《世界建筑》，2004(7)，66页。

2008 年 10 月，国际古迹遗址理事会第 16 届大会于加拿大魁北克通过关于诠释与展示文化遗产的相关文件，倡导为了提高公众意识，增强公众对文化遗产地的理解，通过诠释信息、文化遗产地点展示以及有计划地交流，进行全方位的诠释与展示文化遗产活动。对我国“十一五”期间大遗址保护项目库的 100 处重要大遗址的调查表明，有将近 40% 的考古遗址没有对社会开放，也就是没有实现展示功能，即使实现展示的考古遗址，仅有 7% 左右的考古遗址展示内容和展示方式，能基本满足陈列展示的要求。由于不少考古遗址面积大、出土文物体量小，考古遗址观赏性差，“观众或只能远观，不能近赏，或虽看得见，但却看不清，或虽然看见了，但却看不懂”[①]。同时，一些考古遗址的研究人员和管理机构，不重视考古遗址的现场陈列，出土文物展示和考古遗址原位展示缺乏统一设计，展示形式单一，缺乏应有特色；一些遗址博物馆，在建馆之初仓促上马，缺乏合理规划设计和长远眼光，对使用功能考虑不周，严重束缚了陈列展览的手段，限制了陈列工作的开展；一些地方政府希望通过考古遗址开发来促进经济发展，增加财政收入，但是，往往对考古遗址保护的艰巨性认识不足，保护服从于旅游发展，对考古遗址造成损害和破坏。

基于我国考古遗址类型的多样性，不同考古遗址的文化背景环境形态、文化信息残留程度、抢救保护特殊要求等方面，均有着诸多的差异和区别，针对这些限定条件，遗址博物馆在选址位置、建筑形式、保护手段、展示方式等方面，也必然存在差异性，需要进行细化论证和分类研究，使遗址博物馆呈现出多元化的倾向。在 50 多年的发展过程中，遗址博物馆的研究和实践，逐渐由单一学科向

① 刘海波，王有庆：《论旧遗址博物馆》，载《东南文化》，2010（1），76 页。

多学科转化，这是遗址博物馆发展综合化的结果。早期的遗址博物馆建设，往往仅仅由建筑设计人员和考古工作者合作完成。近年来，已经发展到与历史学、人类学、社会学、博物馆学、城市规划学、环境生态学以及聚落考古学、环境考古学、动物考古学、植物考古学等多学科的协同，结合考古发掘、文物修复、遗址保护等项工作共同完成。这种综合化趋势，来自于考古遗址保护性展示观念的进步和展示方式的变化。大多数考古遗址本身都包含着复杂的文化信息，随着相关各学科的进步，不论从认识深度还是从技术手段，都使这些珍贵文化信息有了进一步被解读的可能性，使考古遗址展示的内容不再局限于独立的单项，而是针对考古遗址所代表文化的整体，这样就使综合化成为一种必然的要求。跨学科、跨专业、跨部门、跨系统的合作，使遗址博物馆的基础研究、设计思路、表达方式、技术手段等都得到巨大丰富，将直接影响到遗址博物馆的未来发展方向。

三、考古遗址保护的理念拓展

大遗址，是根据我国考古遗址特点，提出的具有中国文化遗产保护特色的概念。大遗址在我国资源丰富。目前在2352处全国重点文物保护单位中，属于大遗址类别的有500余处，占总数的1/4左右。在8000多处省级文物保护单位中，属于大遗址类别的有2000余处。仅就首批列入大遗址保护国家项目库的100处大遗址进行分析，可以归纳出以下特点。一是类型复杂，这些大遗址的类型包括城址、聚落址、墓葬址、窑址等，在这些类型中，古代城市遗址所占比例较大，是保护的重点。二是规模宏大，100处大遗址总占地面积达2.67万平方公里。其中面积最小的是成都古蜀船棺合葬墓，保护区面积为1.12万平方米；最大的是泥河湾遗址，保护区面积为5000平方公里。大部分大遗址的保护区面积在1~100平方公里。据统计，其中保护区面积在1~100平方公里的大遗址占71.4%，小于1平方公里的大遗址占21.5%，而大于100平方公里的大遗址占7.1%。三是分布广泛，100处大遗址中97处大遗址呈点状、面状分布于26个省、自治区和直辖市，3处大遗址呈线状跨区域分布于15个省、自治区和直辖市。其中31处大遗址位于南方的11个省和自治区，66处大遗址位于北方的15个省、自治区和直辖市。六年来，大遗址保护形成了以长城、大运河、丝绸之路、西安片区、洛阳片区，“三线两片”为核心,100处重要大遗址为重要节点的基本格局。

我国的大遗址，集中代表了我国传统文化的丰富内涵和发展的历史轨迹，具有不可替代的整体价值和地位，是我国五千年文明史的重要载体，也是我国文化遗产资源的精髓部分。大遗址保护一直是我国文化遗产保护工作的重点和难点，在一些历史性城市问题更为突出。当前，对考古遗址及其背景环境的破坏威胁，主要来自于城乡建设造成的破坏和民众生活环境的变迁。一方面，大规模城乡建设导致考古遗址内部环境持续恶化，外部历史风貌也受到严重影响。再加上自然侵蚀、突发灾害和缺乏科学依据的修复等自然和人为破坏因素，使考古遗址的保护出现了众多难题和困难。另一方面，考古遗址的保护长期以来未能造福当地民众，反而由于受到保护的限制，缺乏相应的政策补偿，当地居民的经济收入和生活水平与考古遗址区外居民之间的差距越来越大，因而对考古遗址保护普遍缺乏认同和理解，甚至不断发生破坏考古遗址的行为。今天，众多位于城市发展地区的考古遗址，特别是大遗址，不断被侵蚀和破坏，其衰败落后的景象，历历在目，惨不忍睹。人们深刻地认识到，目前对于考古遗址的侵蚀和破坏，不是单体的，而是整体的；不是局部的，而是全面的；不是渐进的，而是剧烈的；不是一时的，而是长期的。

广东南越宫署遗址

长期以来，大遗址保护一般沿用各级政府负责行政管理，地方文物部门实施行业管理与执法监督的模式，存在相当多的体制机制问题。现有的行政区划和管理制度不仅不利于大遗址的整体保护，甚至成为进一步加强大遗址保护的障碍。由于一些大遗址区域被分割归属于不同的乡镇或街道管辖，不能设立统一的大遗址保护管理机构，条块分割，各自为政，无法形成保护和管理的合力，土地利用、环境整治、人口搬迁和村庄改造等关系到大遗址保护的重大问题难以解决。这种情况不仅严重制约众多大遗址保护管理水平的提升，而且也影响大遗址综合作用的发挥。当地方经济发展与大遗址保护发生矛盾时，地方政府往往强调经济发展为首要目标，而大遗址管理单位因受管理层级和权限的制约，无法有效进行协调。考古遗址保护之所以形成上述局面，主要症结在于长期以来对其保护管理重视不够，无论在保护观念、法制建设、科技应用、资金投入，还是在可持续发展等方面都存在亟待解决的问题。同时，由于历史原因，大遗址上往往已经不合理占压着众多民居和企事业单位，搬迁安置、保护展示等所需资金压力巨大。面对全方位的侵蚀和破坏，国家财政投入不足，文物保护部门势单力孤，使得考古遗址的保护范围日渐缩小、文化遗存日渐减少。

综上所述，考古遗址的保护状况亟须改善，民众的生存环境亟须改善，城市的整体面貌亟须改善，对我国考古遗址及其背景环境实施抢救性保护，已经成为刻不容缓的紧迫任务。针对上述情况，进入新世纪以来一些地区采取有力措施，完善大遗址保护与管理措施，国家文物部门也加强大遗址问题研究，促进保护规划实施的力度，开展大遗址保护的创新实践，并取得积极成效。

公园，一般意义上是指“由政府或公共团体建设经营，供公众游憩、观赏、娱乐的园林。有改善城市生态、防火、避难等作用”①。19 世纪末—20 世纪初，我国各地开始相继建设公园。在我国现有的公园体系中，包括以不同的自然形态、生态系统为主题的公园，例如森林公园、地质公园、矿山公园、湿地公园等，这些公园是对具备特殊景观风貌特征的自然生态资源的一种集中展示，是集环境保护、科学研究、知识普及、旅游休闲等多项功能于一体的资

① 《中国大百科全书（简明版）》，3~1582 页，北京，中国大百科全书出版社，2004。

源利用方式。考古遗址公园与此相类似，是指基于考古遗址本体及其环境的保护与展示，融合了科学研究、知识普及、文化休闲等多项功能的城市公共文化空间和遗址类的文化景观。考古遗址公园理念的提出，是大遗址保护与考古工作紧密结合的升华，既是对考古遗址保护工作的创新，同时也是对公园这一城市功能元素内涵的拓展，是在考古遗址保护理念发展到一定阶段，国家经济社会实力具备一定基础后出现的考古遗址保护方式，具有鲜明的时代特色。在《国家考古遗址公园管理办法》中，关于国家考古遗址公园的定义为“国家考古遗址公园，是指以重要遗址及其背景环境为主体，具有科研、教育、游憩等功能，在遗址保护和展示方面具有全国性示范意义的特定公共空间”。

考古遗址公园是在许多国家经实践检验证明行之有效，并已日趋成熟的一种大遗址保护和利用模式。在美国，1872 年建立了黄石国家公园，1916 年由国会立法成立了国家公园管理局，美国最大的史前建筑遗址卡萨格兰德遗址，于 1918 年成为第一个被纳入美国国家公园管理体系中的考古遗址。迄今为止，该体系已管辖 70000 处古迹遗址，其中 6 世纪至 12 世纪的印第安人遗址梅萨沃德国家公园包含了 3800 处古迹遗址。该遗址于 1978 年被列入《世界遗产名录》。此外，《世界遗产名录》上的考古遗址公园，还包括希腊的雅典卫城考古遗址公园、意大利的庞贝考古遗址公园、哥伦比亚的圣奥古斯汀考古公园、危地马拉的蒂卡尔国家公园、土耳其的戈雷梅国家公园、印度的尚庞巴瓦加德考古公园、柬埔寨的吴哥窟遗址公园、巴基斯坦的塔克西拉考古遗址公园、突尼斯的迦太基考古遗址公园和杜加考古遗址公园以及摩洛哥的沃吕比利斯考古遗址公园等。各国的考古遗址公园一方面通过多种展示手段的综合运用，将考古遗址以更加通俗易懂的形式介绍给普通参观者，另一方面通过对考古类文化景观的精心塑造，使考古遗址公园成为令人流连忘返的文化旅游胜地。迄今为止已有24个国家建立了国家公园管理体制。这种体制体现了国家对于考古遗址的尊重，体现了公共财政投入的方向，在管理上也取得了重要的实践经验。

早在公元前，庞贝就已经是一座繁华的都市，背山面海、景象宜人、物产丰饶、交通便捷、商业发达、人口稠密，成为当时罗马帝国政治、经济、文化、宗教中心之一。庞贝古城占地1.8平方公里，周长4.8公里，有14座塔楼，7座城门，城墙由石头砌筑，整个城市秩序井然。规整的街道、圆形的剧场、壮丽的寺院以及随处可见的壁画和雕像。然而，庞贝古城的命运因为维苏威火山的爆发而被定格，公元79年8月24日，整个城市顷刻间被埋在火山灰下，成为迄今全球最大天灾之一而载入史册，同时也遗留下大量古罗马时期建筑遗址及具有珍贵价值的文物。庞贝遗址的考古发掘，开欧洲近代考古遗址发掘与保护之先声。自1748年开始至今已经持续260余年，吸引众多国家的考古研究人员参与，而且每一阶段考古工作的界限都十分清晰，留下了考古研究过程的详细记录。庞贝遗址目前只对公众开放1/3。意大利考古学者认为，庞贝古城的考古至少还要再做250年。应当承认，这才是对待重要考古遗址应有的严谨、负责的态度。在展示方面，庞贝遗址的做法是将考古发掘后的遗址以及正在考古发掘的现场直接向公众开放。如今，庞贝古城遗址生动地展现出当时人们居住、宗教、经济、艺术、饮食等方面的状况，成为具有教育意义的灾害考古遗址文化场所，当人们穿行在有着2000年历史的古城遗址之中时，能够获得许多特殊的感受。

在日本，直到1965年以前，考古遗址保护方针还是以“现状保存”为主。之后，随着经济的高速发展，土地开发热潮席卷全国，考古遗址保护受到极大冲击，连著名的平城宫遗址也曾一度遭到建设计划的威胁。在这种形势下，人们开始重视考古遗址的展示与利用，先后实施了大室公园、吉野里遗址公园、飞鸟公园等考古遗址公园。其中吉野里遗址公园自1952年调查发掘以来直至现在，基本上是边发掘边复原。在筹建考古遗址公园之前，组织者和建设者就制定出长期规划，按照规划考古发掘采取先主后次、循序渐进的方式进行。首先是弄清考古遗址的基本布局，然后根据整体复原的需要进行重点发掘。在发掘现场以及发掘过程中对每一功能区的细节都尽量全面掌握，以便复原时有据可依。日本奈良平城宫遗址，保存了大量宫殿、园林、城垣遗址。在平城宫遗址中专业人员开展多种不同形式的展示陈列，并在一些重要的宫殿遗址上，通过修剪整齐的树木标示出柱子的位置，以便于公众理解。在平城宫遗址的展示馆中不仅展示出土文物，而且对平成宫所处的时代背景进行介绍，并通过模型和图片对考古发掘的情况、遗址保护的情况、建筑园林复原的情况等进行说明和介绍。这种做法在一定程度上保障了相关考古遗址和文物信息真实、完整地向社会公众传递[①]。

由此可见，考古遗址公园是国际通用，并已日趋成熟的考古遗址保护和利用模式，对于现阶段的大遗址保护，具有较强的现实意义和操作可行性。在我国，公园的概念引入考古遗址保护较早，例如西安的兴庆宫公园、洛阳的王城公园，但是这些都只是借用考古遗址的名称建设公园，而往往忽略了考古遗址的保护和展示。2000年前后，考古遗址公园这一概念正式进入文化遗产保护领域。在河南，中国社会科学院考古研究所在进行偃师商城遗址考古发掘时，

① 李春华:《吉野里公园给中国遗址博物馆的启示》，载《中国文物报》，2006-07-28(21)。

清理出商代城墙、城壕、墓葬、道路和车辙等考古遗迹，建立起偃师商城商文化比较完善的地层序列，丰富了宫城文化内涵。此后，通过考古发掘，基本掌握了宫城的内涵、布局、演变以及宫殿、祭祀遗迹和池苑遗迹的年代信息。鉴于考古遗址的重要性，考古人员希望将在学术研究中起到关键作用的考古地层和遗迹保护下来，作为“标准地层”。在 1997 年编制的《偃师商城东北隅考古发掘现场保护方案》中，明确在北城墙发掘现场“采取开放式的遗址公园形式”，“将考古发掘的城墙、墓葬、车辙、灰坑、陶窑等商代文化遗存复原出来，露天展示”，这一方案经国家文物部门批准后，1998 年开始实施，“形成了一个长 147 米、宽 82 米，用于考古遗址保护和展示的小型遗址公园”[①]。在北京，早在 1983 年，由国务院批准的《北京城市建设总体规划》，就将圆明园遗址确立为遗址公园。之后北京市陆续建成了元大都遗址公园、明城墙遗址公园、明皇城遗址公园等。

自从 20 世纪初，国家文物部门相继批复《圆明园遗址公园规划》和《秦始皇陵遗址公园规划》起，考古遗址公园的概念开始逐渐传播。2000 年，经国家文物部门批复的《圆明园遗址公园规划》，对圆明园遗址公园的性质以及它具有的功能进行了较为明确的规定，几十年来，针对圆明园遗址，存在着“遗址保护”与“全面复建”的严重分歧。正是因为存在着不可调和的分歧，因此在圆明园遗址的保护与利用方面需要格外谨慎。例如经过国家文物部门批准，2003 年对长春园的含经堂遗址实施保护工程。含经堂是一组集宫殿、花园、文物贮藏、演戏和接待来宾于一体的大型古代建筑组群，共有各类建筑约 30 座。经过全面考古发掘论证，专家们一致认

① 杜金鹏：《大遗址保护与考古遗址公园建设》，载《东南文化》，2010（1），11 页。

为所揭示的考古遗址价值重大，不应进行复建，也不应再覆土掩埋，应当实施考古遗址的保护和展示。秦始皇陵考古遗址公园是全国最早开始建设的考古遗址公园之一，具有鲜明的开创性和示范性。秦始皇陵因蕴含着巨大的综合价值，而备受社会各界的关注。2003 年，国家文物部门批准《秦始皇陵遗址公园规划》，将秦始皇陵保护区划分为保护范围和建设控制地带，其保护面积由原来不足 4.4 平方公里扩大到近 36 平方公里。考古遗址公园建设项目启动以来，相继开展重要考古发掘和文物保护项目，并积极推进征地拆迁、居民安置等工作，为考古遗址公园建设和相关保护管理工作的开展，创造了良好条件。2010 年 9 月，秦始皇陵国家考古遗址公园实现对社会开放，如今，古朴大气的考古遗址公园内，环境整洁，绿树成荫，呈现出悠久历史与深厚文化底蕴，成为全国大遗址保护的典型范例。

陕西秦始皇陵遗址公园

高句丽遗址，是我国东北地区的大遗址群。其中位于辽宁桓仁的五女山城是高句丽创建的第一个都城，规模宏大、体系完备，保存也较为完整；位于吉林集安的国内城、丸都山城是高句丽早中期的都城，其特点是平原城与山城相互依存共为都城。由于长期以来日趋活跃的人类活动影响着考古遗址周围的环境，同时也对考古遗址本体安全构成威胁，2003 年，有关部门开始实施对这组大遗址的保护整治。随后逐步完成考古调查、发掘和文物维修及展示，一次性建成面积 276 万平方米的五女山城考古遗址公园、21 万平方米的国内城考古遗址公园、284 万平方米的丸都山城考古遗址公园和 72 万平方米的王陵及墓葬区考古遗址公园，从根本上解决了这些大遗址保护的后顾之忧，为未来的保护管理和科学考古创造了条件。殷墟是 3300 年前由殷商先民在安阳建立的都城。80 年来的考古发掘表明，殷墟遗址面积达到 3600 万平方米。在这一区域内密集分布着宫殿宗庙遗址、王陵遗址、洹北商城、手工作坊遗址、甲骨窖穴、贵族墓葬、祭祀坑、族邑聚落遗址、家族墓地等不同类型的文化遗存。2003 年 6 月，《安阳殷墟保护总体规划》经国家文物部门批准。在建设殷墟考古遗址公园的过程中，对保护范围和缓冲区内的村庄、道路、环境进行了有效治理，使殷墟及其周边环境得到了根本性改善，形成具有良好环境质量、兼顾保护和展示的大型考古遗址公园。

高句丽遗址、殷墟遗址保护实践及其成功列入《世界遗产名录》，鼓舞了人们实施大遗址整体保护的信心，取得了可贵的经验。从 2005 年起，国家开始设立大遗址保护专项资金，并不断加大投入力度。2005 年 8 月，国家财政部门和国家文物部门联合发布《大遗址保护专项经费管理办法》，明确大遗址保护专项资金，优先考虑那些价值重大、遗址本体保护需求急迫、有较好考古勘查研究工作基础、已编制规划或规划纲要、宣传展示可行性强、地方政府重视并有一定经费配套的项目。2006 年 12 月，国家财政部门和国家文物部门联合发布《“十一五”国家重要大遗址保护规划纲要》，其中遗址公园建设被明确提出，并决定设立大遗址保护国家项目库，首批 100 处大遗址被列为国家重要大遗址保护专项。大遗址保护专项资金的设立、大遗址保护规划体系的确立、大遗址保护国家项目库的建立，在一定程度上使大遗址保护的被动局面得以扭转。在此基础上，大遗址保护和考古遗址公园建设均需要通过扩大试点，积累更多的实践经验，这项工作得到了各地区、各部门的广泛响应。其中成都金沙遗址、无锡鸿山遗址以及西安大明宫遗址、洛阳隋唐洛阳城遗址保护规划的实施，为在全国大规模抢救保护大遗址，建设考古遗址公园，进一步提供了成功范例。

2001 年 2 月，考古人员在成都市金沙村发掘出土大量玉器、金器、青铜器及象牙等珍贵文物，这一重要发现立即在国内外引起轰动，对金沙遗址的保护也逐渐成为社会关注的焦点。经过数年的努力，共对 60 余个建设项目开展文物勘探和考古发掘，发掘面积达 20 余万平方米，大规模的考古工作为金沙遗址保护提供了科学资料。在此基础上，编制了《金沙遗址保护总体规划》。2005 年 3 月，金沙遗址保护工程正式启动，并对长达 10 余公里的摸底河进行全面疏浚、截污、绿化，改善和优化了金沙遗址的文化景观环境。2006 年 4 月，占地 30 万平方米的金沙遗址公园和建筑面积 4 万平方米的金沙遗址博物馆正式对外开放，产生了较大社会影响，其考古遗址展示和出土文物陈列受到参观者的广泛好评。无锡鸿山墓群是春秋战国时期的大型墓葬群。墓群分布范围约 750 万平方米，现存土墩墓 133 座，是了解越国历史文化的重要资料。2006 年 3 月，《鸿山遗址保护规划》经国家文物部门批准后，鸿山遗址保护工程正式启动。鸿山遗址拥有丰富的文化内涵和广阔的分布面积，通过合理规划布局，使考古遗址公园内遗址、建筑与环境共同组成一个和谐整体。2008 年 2 月，严格按照大遗址保护规划，体现国际先进保护理念，促进当地社会经济发展的大遗址保护项目初步实现，鸿山遗址公园和位于遗址公园内的遗址博物馆初步建成。

随着西安城市化进程的加快，大明宫遗址从城市近郊成为城市中心区，大规模城市建设以及考古遗址区内居民的生产生活，与考古遗址保护之间的矛盾越来越尖锐。2008 年 8 月，《大明宫遗址公园总体规划》通过专家论证。总体规划涉及考古规划、遗址保护与展示、景观及绿化、道路交通组织、主要服务设施、遗址管理等方面，体现出新时期文化遗产保护与推进城市现代化发展、调整周边产业结构和谐共赢的战略思考。建成后的大明宫考古遗址公园，占地面积 320 万平方米，在对考古遗址加强保护的前提下，依据历史时期的地形地貌，形成大面积生态草坪，为今后的可持续考古研究创造良好条件。隋唐洛阳城遗址是我国乃至世界上具有重要影响的大型古代城市遗址，其中轴线建筑体量巨大，气势恢弘，在我国古代城市遗址中独一无二。隋唐洛阳城遗址包括洛河以南的里坊区，洛河以北的宫城皇城区、里坊区。2007 年 9 月，隋唐洛阳城宫城考古遗址公园正式启动，需要搬迁安置考古遗址保护范围内近 30 家企事业单位和 800 余户居民，特别是需要对占压宫城核心区的大型工业企业洛玻集团，实施整体搬迁，使明堂、天堂、应天门遗址区域同九州池遗址区域连成一片，形成总面积 333.3 万平方米（5000 亩）的国家考古遗址公园。

实施大遗址保护和考古遗址公园建设，促进了保护工作由局部向整体再向区域性保护范围的转变、由单一向全面再向综合性保护

河南隋唐洛阳城明堂遗址保护展示工程

理念的转变，使大遗址保护工作从考古调查、勘探发掘等基础工作，到保护大纲、保护规划的编制，再到保护计划、保护项目的实施，形成一套较为完整的规范程序，是保护意识与规划意识进一步深化的体现。面对众多亟须实施保护和环境整治的大遗址，国家文物部门确定了加强大遗址保护，推动考古遗址公园建设的一系列原则，即坚持统筹规划、分步安排、量力而行、突出重点；坚持高标准规划、高水平起步、高效益实施；坚持从实际出发、讲求实效、不断丰富实践经验；坚持合理配置技术力量、依靠科技进步、促进学科融合；坚持统筹各种资源、加快保护进程、发挥综合效益。在专项资金投入的方式上，优先保护好列为世界文化遗产和全国重点文物保护单位的大遗址；优先保护好面临严重威胁和破坏，濒临灭失的大遗址；优先保护好能够实现文物保护、环境改善和民众生活水平提高等综合效益的大遗址。明确大遗址专项资金的使用为补助性质，突出重点，不撒“芝麻盐”，向具备实施保护和整治条件、当地政府和文物部门有开展保护和整治决心的项目倾斜，充分调动地方政府的积极性，争取更多的地方配套资金，放大国家保护专项资金的效果，以解决更多的大遗址整体保护问题。

良渚文化遗址和红山文化遗址，作为实证中华五千年文明史最具规模的考古遗址，应成为具有纪念、研究、教育、观光功能的文化圣地。考古研究成果证明，良渚遗址区内包括宫殿、祭坛、墓地、城址、村落等各类遗存。但是，由于良渚遗址保护面积庞大、遗存分布广泛、区内人口密集，使保护工作面临比其他地区同类考古遗址更多的压力。《良渚遗址保护总体规划》经过几年的磨合，各方也逐渐达成共识，确定保护范围为4202万平方米，建设控制地带2390万平方米，为加强良渚遗址保护提供了科学、可行的管理依据。在此基础上，正式启动良渚考古遗址公园建设，确定了以良渚古城遗址、塘山遗存、瑶山祭坛等为保护项目实施重点，实现总面积2500万平方米的大型考古遗址公园。近年来，朝阳市政府认识到要实现牛河梁红山文化遗址的可持续保护和周边地区的可持续发展，必须用文化战略的眼光来审视考古遗址的保护，用文化战略的思维来考虑广大民众的长远利益。在推进牛河梁遗址的保护过程中，探索实现大遗址保护展示与环境保护、生态保护、农民生产生活改善和地方社会经济发展的有机结合，通过建设牛河梁考古遗址公园，形成文化遗产保护成果最终惠及当地经济社会发展与民众生活改善的良性循环之路。2008年正式启动了牛河梁考古遗址公园建设，近期将实现800万平方米核心保护区范围对社会开放。

在我国，考古遗址公园被称为是一项实践操作先于理论研究的新生事物。为了加强考古遗址公园的理论研究，近年来，国家文物部门召开了一系列专题会议。2008 年 10 月，来自 10 个历史性城市和部分省、自治区、直辖市文物部门的代表以及专家学者，参加了在西安召开的“大遗址保护高峰论坛”，与会代表注意到，城市化进程的加快给文化遗产保护带来了前所未有的冲击与挑战，这突出表现为大遗址保护与土地资源高度紧张的矛盾日益凸显，与城市建设的冲突日益凸显，与传统保护理念和模式的不协调日益凸显。面对这一形势，必须重新思考和定位大遗址的保护模式和管理方式。与会代表同时注意到，从高句丽遗址、殷墟遗址到大明宫遗址、隋唐洛阳城遗址，再到金沙遗址、鸿山遗址，都开展了一系列卓有成效的保护行动。伴随着这些实践，大遗址正在从城市中被人遗忘的角落、脏乱差的角落，逐渐转变为城市中最美丽的地方，最有文化品位的空间。论坛围绕“做好大遗址保护，推进城市和谐发展”的主题，就探索大遗址保护新模式，推动大遗址保护健康发展，促进区域经济协调发展，确保民众共享保护成果等内容，进行了深入的探讨，形成了我国大遗址保护方面的第一个专门性文件《西安共识》。

2009 年 6 月 12 日，以“大遗址保护与考古遗址公园建设”为主题的大遗址保护良渚论坛召开，在广泛交流和讨论的基础上，形成了关于建设考古遗址公园的《良渚共识》。《良渚共识》指出，考古遗址公园应“根据不同遗址各自的特点，紧扣其内涵和价值，采取有针对性的保护展示方式，形成独特的风格和魅力”。2009 年 11 月，来自 18 个城市的代表，再次相聚古都洛阳参加“大遗址保护洛阳论坛”，形成了大遗址保护的《洛阳宣言》。与会代表认识到，“城市核心区的大遗址保护极具挑战性；当前在城市核心区和城乡结合部建设考古遗址公园，有助于协调文化遗产保护和城乡经济社会发展的关系，有助于发展文化旅游和相关产业，有助于提升城市文化品位”，并郑重承诺：一是坚持统筹规划、持续发展原则，从遗址保护和城市发展的实际出发，科学规划，有序推进，努力实现大遗址保护和利用的和谐共赢；二是坚持政府主导、多方参与原则，进一步强化政府主导地位，正确引导，加强管理，调动社会力量和广大民众支持、参与大遗址保护的积极性；三是坚持公益为主、惠及民众原则，切实维护考古遗址公园建设的公益性，避免片面追求商业化，始终将大遗址保护成果全民共享作为工作的出发点和落脚点；四是坚持解放思想、开拓创新原则，因地制宜，积极探索考古遗址公园建设与管理的机制和方法，开拓大遗址保护利用新局面。

从《西安共识》到《良渚共识》，再到《洛阳宣言》，在一定程度上达到了统一思想的目的。在总结各地经验的基础上，大遗址保护理念不断创新，相继形成了建设“国家考古遗址公园”的新理念，考古遗址公园建设，成为我国今后一个阶段大遗址保护的工作重点。在实践的基础上，2009 年 12 月，国家文物部门印发了《国家考古遗址公园管理办法（试行）》（简称《办法》），对国家考古遗址公园的申报、评定、管理等进行规范，指导各地依法开展考古遗址公园建设工作。《办法》指出：“国家考古遗址公园，是指以重要遗址及其背景环境为主体，具有科研、教育、游憩等功能，在遗址保护和展示方面具有全国性示范意义的特定公共空间。”同时，《办法》规定，“已公布为全国重点文物保护单位；保护规划已由省级人民政府公布实施；考古工作计划已获批准并启动实施；具备符合保护规划的遗址公园规划；具备独立法人资格的专门管理机构”，可向国家文物部门提出国家考古遗址公园立项申请，评定合格者，由国家文物部门授予“国家考古遗址公园”称号，并向社会公布。国家文物部门同时发布了《国家考古遗址公园评定细则（试行）》，评定内容包括考古遗址公园的资源条件；遗址的考古、研究与保护；遗址的展示与阐释等方面内容。

锁阳城遗址博物馆

2010年6月，国家文物部门发布通知启动第一批国家考古遗址公园评定工作。共有19个省（区、市）、74个项目参加国家考古遗址公园立项和评定工作。根据《国家考古遗址公园管理办法（试行）》等有关法律法规，国家文物部门组织来自10个相关科研机构、高等院校的专家学者，参考现场考察评分和会议评议，确定圆明园遗址、周口店遗址、集安高句丽遗址、鸿山遗址、良渚遗址、殷墟遗址、隋唐洛阳城遗址、三星堆遗址、金沙遗址、阳陵遗址、秦始皇陵遗址、大明宫遗址等12项国家考古遗址公园。此外，根据专家意见并结合实际工作情况，确定了首批23项国家考古遗址公园立项名单。但是，对于考古遗址公园的建设，一些专家也提出了中肯的建议。张忠培先生指出，不是说所有的大遗址都要建设为考古遗址公园，需要的只是其中的一部分，这一部分大遗址位于城市之中和城乡结合部，或者城市附近。“将这部分大遗址建设成国家考古遗址公园，目的是为了解决这部分大遗址和城市建设的矛盾，并在保护的前提下，对这部分遗址予以合理利用，使之为城市建设服务，成为城市的有机组成部分。因此，我们也可以这么说，国家考古遗址公园建设的提出为城市建设和大遗址保护找到了一个结合点”。“考古学者可在这个结合点上构建一个大遗址和公众服务同公众对话的平台，从而为考古学增宽了学术活动的舞台”。

实现保护性再利用的旧址博物馆[①]

（2011 年 5 月）

旧址博物馆一般是指利用特殊的空间来展示社会发展、事件发生、人物活动历史瞬间的博物馆。旧址博物馆可以分为，体现一定历史时期社会经济生活的代表性建筑、重大历史事件发生的纪念地、承载某一传统文化的代表性建筑等多种类型。目前，在我国 3020 座博物馆中，旧址博物馆约占四分之一，其涉及面之广，影响力之大，已是我国博物馆系统中不可或缺的组成部分。其中历史建筑旧址博物馆、名人故居旧址博物馆、工业遗产旧址博物馆等均是重要的表现形式。

一、历史建筑旧址博物馆

在我国历史上发生了许多重大历史事件，涌现出许多叱咤风云的历史人物，在一定程度上推动和改变了历史发展进程。许多历史事件的发生地和历史人物的活动地，至今都完好地保存着昔日风貌和历史遗迹。随着人们精神领域的追求，这些遗迹成为了历史纪念地，也成为了旧址博物馆的首选地。对于体现一定历史时期社会经济生活的代表性建筑，可以利用其历史遗存建立专题博物馆，表现一个特定的历史时期社会政治、经济状况，展现当时的社会面貌，

① 此文发表于《东方博物》第 38 辑，第 5 页，2011 年 5 月出版。

满足社会教育需求；对于某一重大历史事件酝酿和发生的纪念地，可以利用其所保存下来的具有代表性的建筑，建立专题纪念馆，展示这一历史事件的社会背景、发生过程以及对历史进程的影响，能够更清晰地勾画出历史发展的脉络，提供宝贵历史借鉴；对于承载某一传统文化的代表性建筑，可以利用其文化特色，建立展示传统文化、民族文化、地域文化的专题博物馆，深入发掘传统文化精髓和传承关系。历史建筑旧址博物馆的展览主体是旧址复原陈列，旧址复原陈列需要以真实的历史资料为依据，或者以历史当事人的回忆为佐证，应当以旧址中历史建筑和实物展品真实、形象地向观众进行某一历史时期以及某一历史时刻的展示。事实证明，依托历史建筑旧址建立的博物馆，能够成为一个地区、一座城市的宝贵文化资源和独特文化场所。

白俄罗斯涅斯维日城堡

（一）挖掘建筑旧址文化内涵

历史建筑旧址博物馆具有一般博物馆所不具备的本质属性，即历史建筑具有不可移动性，必须依托于旧址才具有存在的价值，通过对历史建筑及周边环境的形象展示，配以相关的辅助陈列，对旧址的历史价值进行深刻诠释，揭示和深化历史建筑的文化内涵，才能给参观者以更加丰富、准确、系统的知识。今天，人们意识到，赋予历史建筑以恰当的新功能，将成为一笔不可忽视的文化资源。例如澳大利亚新南威尔士州的海德公园营房建成于1819年，直到1848年，这座乔治式建筑一直作为监禁600名男囚的夜间寄宿处，后来它成为一座旅馆和女性移民的劳务市场。1887年至1979年间，法院和政府部门总共有超过50个机构曾在这里工作过。1980年，海德公园营房成为第一批主要由政府资助进行考古研究的历史遗址之一。经过12个月的调查研究，揭示出这座营房170年深刻而独特的历史。海德公园营房博物馆的设计，使这一旧址成为包含历史建筑整体建造方式、考古遗迹、历史性文献及设施的文化遗存及文化体验。其中重点放在收容囚犯的时期，因为现存的建筑物多是反映这一时期的状况。例如最能唤起人们对于囚禁想象的建筑顶层已被保存并修复，以反映出这一时期的真实面貌，为人们了解19世纪严酷的监狱生活提供了独特的视角[①]。

对于历史建筑的保护和利用，首先要使旧址文物本体“延年益寿”。因此，如何在历史元素与新的功能之间决定取舍，找寻保护“记忆”与展示“记忆”的平衡点，是不能忽视的问题。然而，很多历史建筑旧址博物馆在筹建过程中，大兴土木，热衷于建设大体量

① 海伦·坦普尔：《改造为博物馆的历史建筑——来自新南威尔士州历史建筑基金会的实例》，载《世界建筑》，1999（5），30页。

的展馆、营造大制作的展览，盲目拆改原有历史建筑，破坏历史氛围和生态环境，影响建筑旧址的真实性和完整性，使原应处于主体地位的历史建筑旧址，反倒处于从属地位，因而形成了建筑旧址和基本陈列主从地位倒置的现象。在此情况下，树立正确的历史建筑旧址博物馆营建理念尤为重要。例如全国重点文物保护单位历代帝王庙，曾经长期被北京第159中学占用，学校没有正规操场，主要活动空间只有大殿前的一个篮球场，大殿兼做风雨操场、会场和库房使用，学校用房不够，凡能盖房的地方都盖满了平房、楼房，还把古代建筑景德门、御碑亭封砌起来当作办公室使用。古代建筑内通风采光很差，夏天闷热难耐，冬天靠煤炉取暖，有的古代建筑还用作校办工厂，院内电线密布，消防设施缺乏，文物建筑年久失修，多次发生塌檐事件。为了彻底解决这一重要文物建筑的安全隐患，2000年12月，正式启动了历代帝王庙历史建筑保护工程，经过3年多的努力，终于将中学迁出安置，历代帝王庙得以全面修缮，并作为历史建筑旧址博物馆对外开放。

历史建筑旧址博物馆中很多是依托历史事件的发生地或历史人物的活动地，进行实物陈列而建立的旧址博物馆，通过对历史事件和历史人物的发生与活动场所的复原，以及文物藏品展示，再现当时的场景，勾勒出一幅真实而生动的历史画卷。北京的北大红楼犹如一座丰碑，铭刻着人们永远的回忆和缅怀，在车水马龙的喧嚣闹市间，默默地矗立了百年，成为现代都市中一个永恒的地标。2002年，以北大红楼为依托的新文化运动纪念馆正式成立，并向社会开放。新文化运动纪念馆成立后，深入考证新文化运动时期红楼内的房屋布局，以及当时著名人物、社团、机构的使用情况，为旧址复原提供科学依据。通过详细考证，已经掌握了历史建筑内各个房间的功能布局。例如地下室为印刷厂，著名杂志《新潮》《国民》《北京大学日刊》等，都曾在这里排版印制；一楼大部分是图书馆，有李大钊的图书馆主任室、毛泽东工作过的新闻纸阅览室等；二楼是校内行政机构，有校长蔡元培办公室、文科学长陈独秀办公室、各科教授会等。通过对北大红楼各类房屋旧址的复原，并辅助一些小型的专题展览，全方位展示新文化运动时期的历史风貌，再现北大红楼内每一处房屋旧址最值得纪念的历史瞬间，营造历史氛围，让参观者走进红楼，身临其境，感受历史沧桑。这种实地展示效果是一般博物馆所难以达到的[①]。

上海澳门路477号是中华书局总厂旧址，因在我国近代出版史上具有重要意义而被列入上海优秀历史建筑。然而，2009年下半年，这组历史建筑面临诞生70年以来一次从建筑结构到使用功能的改造，即当地政府拟将中华书局旧址变成“创意产业园”。但是这一改造计划，使一些上海文化出版界的人士感到不安，他们中的一些人与这组历史建筑有着特殊记忆和情感联系。同时，改造计划也在参与这组历史建筑改造利用的专业人士中间引起讨论。中华书局创始人陆费逵的女儿担心旧址改建酒店、商铺与公寓，原本大开间的建筑，多了分隔墙，添了上下水道、空调等生活设施，会对原有结构造成破坏。多年来，上海文化出版界人士一直建议将2万平方米的中华书局旧址的一部分，改造成为上海出版博物馆。老出版家丁景唐认为中华书局总厂的价值在于其内在传承的无形文化财产，这是上海乃至全国仅存的大规模、高质量的近代出版文化遗存，70多年间尽管机构名称、体制不断变化，却一直在印刷出版行业内部流转，历史发展脉络十分清晰，再利用时不应人为割断历史传承。从2000

① 陈翔：《博物馆与旧址复原》，载《中国文物报》，2009-06-05（6）。

年起，几乎每年上海市“两会”期间，均有人大代表、政协委员递交建议或提案，呼吁利用中华书局旧址，抓紧建设出版博物馆，认为利用这样一处能显示上海中国出版源头地位、具有标志意味的历史建筑，建设出版博物馆将是中华书局旧址的最佳选址[①]。

侵华日军第731部队遗址是抗日战争和第二次世界大战期间，侵华日军从事生物细菌战研究和人体实验相关研究的秘密军事设施，由于利用健康活人进行细菌战和毒气战等实验，使其作为人类历史上最大规模、最灭绝人性的细菌战研究罪恶行径与奥斯维辛集中营和南京大屠杀同样骇人听闻。目前对参观者开放的731部队基地遗址，由150多幢建筑组成，经过精心设计，十分坚固，包括各类生产设施，有约4500个培养跳蚤的容器，6个巨大的制造各种化学制品的锅炉以及约1800个用于生产生物试剂的容器。1939—1945年，至少有3000余无辜生命被侵华日军第731部队在哈尔滨平房区本部直接作为活体细菌实验材料，无一生还。从731生产出的数十吨生物武器以及一些化学武器，在整个战争期间被存放于我国东北地区许多地方。1945年8月，在败退时为了销毁罪证，日军下令炸毁了这里的主要实验设施，并要求其部下“把秘密带进坟墓”。岁月流逝，如今731部队遗址混杂在城市生活区中，周边环境杂乱，安全隐患严重。为了永久保存这一极为特殊的标志性遗址，近年来，对遗址进行全面清理，发现大量当年遗存。同时，采取措施对遗址进行保护。目前，731部队本部大楼遗址和2号楼遗址已经维修复原，在此基础上，一座“侵华日军第731部队罪证陈列馆”建立起来，使这一反人类罪行昭示天下，引发全人类反思战争，关注和平[②]。

① 刘洁：《侵华日军七三一遗址能否申遗》，载《中国文化报》，2010-07-21（5）。
② 姜泓冰：《明日沪上何处寻》，载《人民日报》，2010-08-19（24）。

黑龙江侵华日军第 731 部队罪证陈列馆

（二）展示建筑旧址文化面貌

“保护并不意味着将其束之高阁。”保护历史建筑的最大动力是保存文化，以便对人类的共同记忆提供寄托与思念，因此，需要以智慧和创意来权衡对建筑旧址的定位，挖掘建筑旧址的文化底蕴，满足社会公众的文化需求，使历史建筑以‘活态’的面貌出现，做到既科学保护又合理利用。事实上，只要历史建筑在使用，就会被不断维护，就不会因为被闲置而加速损毁。由此看来，为历史建筑旧址与人们的现实生活重新建立联系，创造使闲置空间再次获得继续生存的契机，为历史建筑旧址寻求新生是一种积极的保护方式。即采取合理利用的方式，使历史建筑旧址得到再生，进而再次与社会公众生活结合在一起，延长其使用寿命，创造出新的价值。历史建筑旧址博物馆具有很多普通博物馆所不具备的特点，有些是它们的优势，有些则是它们的弱势。由于历史建筑旧址博物馆所依托的历史建筑大多为文物保护单位，而文物保护单位内部结构不能随意改变，因此历史建筑旧址往往不适合大型陈列展览，保护要求与使用功能之间存在矛盾；历史建筑旧址的周围环境要保持原有风貌，又要与博物馆的功能相协调，不得随意改变，因此相应的配套设施，例如道路交通、停车场地等受到限制；由于历史建筑多为砖木结构，在文物保护和安全防范方面任务艰巨。

巴蜀地区会馆是明清时代外省向四川大移民的产物。明末清初，四川人口锐减，从而引发了历史上跨越100多年，以“湖广填四川”为代表的各省向四川大规模的移民运动。会馆是一种客居、流寓外乡的商人、官吏或迁徙的移民群体为共同利益需要而建立的，以地域同乡为纽带的民间组织形式。重庆湖广会馆兴建于明末清初，是由湖北会馆、广东会馆等组成的大型移民会馆建筑群，占地面积逾万平方米，建筑面积7000平方米。会馆建筑依山就势，北靠长江嘉陵江交汇处的朝天门码头，充分反映出重庆曾经作为移民城市的文化经济特色。但是2003年2月，当笔者到重庆湖广会馆调研时，看到由于历史变迁，会馆建筑群被埋藏于杂乱无章的工厂、仓库和民居之中。由于房屋年久失修，内部空间任意分割，裸露电线密如蛛网，历史建筑破败不堪，随时面临毁灭危险。2003年5月重庆市开始对湖广会馆内268户居民和单位实施排危抢险性搬迁安置，并于同年12月修复工程开工，在湖广会馆的修复过程中，强调历史建筑修缮“不改变文物原状”和“可识别性”原则，探索适合东方砖木结构体系的历史建筑修复方法。2005年9月重庆湖广会馆修缮工程竣工并对外开放，形成具有浓郁地域特色的建筑旧址文化空间，体现出城市厚重的历史和海纳百川的气魄，成为重庆重要的民俗文化保护、展示、传承场所。

恭王府是北京王公府邸中保存最完整的清代王府，不仅具有独特的艺术、文化价值，也见证了我国最后一个封建王朝的兴衰荣辱。“一座恭王府，半部清朝史”，著名历史地理学家侯仁之先生高度评价这座名声赫赫的王府的重要地位。恭王府由府邸和花园两部分组成，占地面积 6 万多平方米。府邸建筑格局为三路五进，被称为是世界上最大的四合院。1921 年恭王府府邸及花园被抵押给天主教会。1937 年辅仁大学将其购置作为校舍。中华人民共和国成立后，这里一度被北京师范大学、中国音乐学院和中国艺术研究院占用。恭王府府邸文物保护修缮工程于 2005 年正式开工，这是自 1850 年以来恭王府最大的一次修缮。这次修缮按照清代同治、光绪时期恭亲王最辉煌时期的原貌进行，有历史依据的按照原样修复，没有历史依据的按照专家指导意见修复，既无历史依据、专家又有分歧的按照现状进行保护修复。2008 年 8 月，恭王府府邸撩开了它的神秘面纱，这是 232 年以来恭王府府邸首次对公众全面开放。希望通过不懈努力，使这座历史建筑旧址博物馆在古都北京的文化生活中发挥独特作用。但是，恭王府中原本收藏有大量珍贵文物，经过历史变迁，大量家具、字画、陈设、收藏品都已散失。目前，恭王府管理中心已向社会公开征集恭王府原有文物，并制定了文物捐赠奖励办法[①]。

与一般博物馆相比，利用历史建筑旧址设立的博物馆，更要求馆舍与周边环境的历史氛围相匹配，使人们从馆舍上体验到真实的历史，从环境中获取到更多的信息。因此，对于历史建筑旧址的保护，在保护历史建筑真实性的同时，还要保护周边环境的完整性。

① 翁巍巍：《恭王府撩开神秘面纱》，载《人民日报海外版》，2008-08-30（7）。

恭王府

但是，由于历史原因建筑旧址的保护状况往往不尽如人意。目前即使对于北京故宫来说，皇家宫殿建筑群也并不完整，还有一些缺憾。例如位于故宫东面的皇史宬，是明清两朝皇室档案储藏所，也是我国现存唯一的皇家档案馆，反映我国封建时代的档案制度，是故宫历史建筑旧址博物馆的重要组成部分。1925 年故宫博物院成立后即对皇史宬实施管理。1980 年成立中国第一历史档案馆，皇史宬由第一历史档案馆管理。如今皇史宬院内搭建有大量非文物建筑，住有居民，既破坏了历史建筑及其环境，也造成了严重的安全隐患。另外，在故宫博物院内西华门南北两侧，1974 年以故宫生活用房的名义添建了高度超过 16 米的 5 座楼房，俗称“屏风楼”，从建筑风格和文化内涵上，破坏了故宫的历史风貌和整体格局。因为这些楼房建设的需要，拆除了西华门两侧城墙的马道，不仅对历史建筑造成了破坏，也直接影响了故宫的统一保护管理。使用单位的各类车辆每天从西华门进出，造成环境污染，形成安全隐患。

安江农校位于湖南洪江安江镇，始建于 1939 年。袁隆平院士及其团队在此生活和从事教学、杂交水稻研究长达 37 年。“一粒改变世界的种子”——杂交水稻就是在这里经过艰难探索取得突破和成功。杂交水稻研究成果在世界科技史上产生了巨大影响，先后获得第一个国家特等发明奖和联合国“世界粮食奖”等项殊荣。安江农校见证了袁隆平及其团队的科学研究奋斗足迹，成为“隆平精神”和杂交水稻研究历程的大型物证，也是人类稻作文明历史发展的真实载体。2008 年，安江农校老校区更名为“安江农校杂交水稻纪念园”，园内保存了具有一定规模的、1939 年 –1986 年间特定历史时期修建的，时代特征明显的各类教学及科研设施，例如办公楼、校

湖南安江农业学校

训牌、袁隆平旧居、鱼鳞板教学楼、杂交水稻温室、鱼塘、早期杂交水稻试验田、捞禾深井、玻璃温室、高温抗病鉴定圃等，将杂交水稻研究历史全过程，以实地、实物真实记录下来，为丰富世界科学技术发展史提供珍贵素材。2009 年 8 月，国务院将安江农校杂交水稻纪念园这一活态的、与广大民众生活密切相关的文化遗产列为全国重点文物保护单位。如今纪念园占地 250 余亩，建筑面积 4 万余平方米，园内古树参天，绿叶成荫。这里不但继续承担着国家杂交水稻中心的科研任务，承担着数千名农民科技骨干的培训任务，而且成为集文物展示、人文景观、旅游休闲于一体的爱国主义教育基地[①]。

（三）突出建筑旧址文化特色

对于历史建筑的保护性再利用不能任意妄为，抹杀原有历史建筑的生命，而是要在保留旧址文化价值的前提下，在保护历史建筑原貌的同时，经过适当的建筑结构评估，针对安全状况进行改善，发挥原有材料的优点，使建筑旧址获得更好的生存状态。国子监是我国元、明、清三代国家管理教育的最高行政机关和国家设立的最高学府，而孔庙则是皇家祭孔之地，两者相伴，形成“左庙右学”。中华人民共和国成立后，在国子监里开设首都图书馆，首都博物馆则在孔庙内建立。近年来，北京市陆续将首都图书馆和首都博物馆迁出古代建筑群，使国子监与孔庙合为一处。如今，孔庙与国子监修葺一新，合并成为历史建筑旧址博物馆，重新对外开放[②]。神乐署位于北京天坛的西南外坛，始建于永乐十八年（1420 年），为天坛的五组重要建筑之一，是为了满足皇家祭祀礼仪需要，教练舞

① 邓剑军：《安江农校杂交水稻纪念园》，载《湖南文化遗产》，2010（1），14 页。
② 谢宇野，凌关胜：《“左庙右学”展儒学遗产》，载《人民日报》（海外版），2008-07-01（7）。

生、乐生，演习祭祀乐礼的机构，也是祭天建筑群的重要组成部分。2004 年 4 月，天坛神乐署修缮工程竣工，不但很好地恢复了历史风貌，而且作为中华古代祭祀音乐博物馆向游人开放，在这里人们可以欣赏到中国古代最高祭祀礼乐——中和韶乐。镇江博物馆利用原有的历史环境，将五幢建筑按原英国领事馆的旧貌进行恢复，整个博物馆区按英国式园林风格进行整体环境景观整饰，水体、绿化、凉亭与历史建筑浑然一体，表达出建筑本身与自然环境的和谐，形成花园式博物馆[①]。

加拿大建筑师 P.M. 歌德史密斯（P.M.Goldsmith）认为："对老建筑最有意义的保护是找到它'再利用'的方式。"今天人们普遍认同这一观点[②]。同样在澳大利亚，悉尼博物馆在第一个总督府遗址上建造。1788 年，A. 菲利普（A.Phillip）总督建造了第一座总督府，在 1845 年被破坏以前，他一直是新南威尔士前 8 任总督的住宅、办公室及大英帝国殖民地权利的象征。早期的澳大利亚殖民地生活艰苦，社会动荡不安，总督府遗址对于今天的澳大利亚人来说，具有不平常的意义。20 世纪 80 年代，考古学家发现了包括基础、排水系统和大量工艺品在内的建筑物的结构遗迹，认为"该遗址是一个作为今天的澳大利亚人如何看待我们自己的标志"。于是，一座现代博物馆和纪念性的市民空间在考古遗址和未开发区域上建成，考古遗址被保存在一个混凝土板下。遗址上的振动和荷载均有所限制，其中有两块场地在严格的环境控制下已向公众开放，在将要建造的研究场所里，人们还可以看到其考古文物及相关报告。依据澳大利亚《巴拉宪法》制定的实践方针和原则。第一步是对遗址的意义作

① 吴芳：《镇江博物馆环境资源的整合》，载《中国文物报》，2010-04-14（4）。
② 张华：《青岛老建筑的再生运动》，载《中国文化报》，2007-11-15（6）。

全面评估，包括历史学、考古学、建筑学及社会学等各方面意义的评估，同时还要对现存建筑做全面的检查。通过这些研究材料得出一个“文化价值报告”，并附以保护方针。在反映其独特文化价值的博物馆发展计划中，该报告和保护方针成为决定性因素[①]。

青岛虽然仅有110余年建置历史，但是由于在近现代史上的特殊地位和丰富的文化遗存而成为国家级历史文化名城，昭显出不凡的文化容量与文化气度。今天，越来越多的青岛人认识到，新的文化项目不一定要进行新的建设，历史建筑旧址通过深入挖掘原有的文化内涵，在新时期同样可以有新的作为。与栈桥隔海相望，始建于1934年的兰山路1号礼堂，如今已经是享有盛誉的音乐厅；几街之隔，位于大学路7号的红十字会旧址成为书画爱好者经常聚首的美术馆；正在筹建中的青岛建筑博物馆、小提琴博物馆等，选址意向也锁定在承载着城市文脉的历史建筑保护性再利用。“这些老建筑是一座城市文化底蕴生生不息的象征，也是一系列代表不同时期的历史坐标，现代人也会以此作参照物，辨认日新月异的生存环境，青岛虽是座年轻城市，但丰富多彩的老建筑已成为构成青岛影像、传承城市文脉不可或缺的重要元素”[②]。历史建筑旧址保持着优雅气质，延续着人们的珍贵记忆，容纳进新的文化功能后，焕发出无与伦比的魅力，成为独具特色的文化舞台。青岛的一座座历史建筑旧址博物馆的建成开放，是历史建筑保护性再利用的成功尝试和有益探索，特别是为20世纪遗产的保护提供了新的思路和借鉴。

历史建筑旧址博物馆中，建筑旧址是人们参观的主体，这是任何新建的博物馆无法比拟的优势。在新建的博物馆中，虽然也可以

① 海伦·坦普尔：《改造为博物馆的历史建筑——来自新南威尔士州历史建筑基金会的实例》，载《世界建筑》，1999（5），30页。
② 张华：《青岛老建筑的再生运动》，载《中国文化报》，2007-11-15（6）。

通过陈列展览的组合布置使人们有身临其境的感受，但毕竟是人为营造。而历史建筑旧址通过严谨的科学研究，进行必要的总体环境设计，可以创造出真实可信的历史环境。观众进入建筑旧址，感受历史氛围，这正是历史建筑旧址博物馆的本质魅力所在。作为历史建筑旧址博物馆，应更加关注历史建筑本身与博物馆陈列展示内容的关联性，形成别具特色的专题博物馆。例如1989年建立的杭州胡庆余堂中药博物馆，位于西子湖畔，在有“江南药府”之称的百年老店胡庆余堂老字号建筑群的基础上创建。博物馆建筑面积4000余平方米，分为陈列厅、作坊厅、养生保健门诊部、营业厅和药膳厅等，使历史建筑与博物馆陈列展示融为一体。英格兰北部的湖区小镇凯西特，有一座独具特色的铅笔博物馆。馆舍利用生产车间收藏和展示世界各地的铅笔，长短粗细，形状各异，以及各种颜色的笔芯和外包装。除了铅笔实物，还展示有生产铅笔用的材料，例如颜料、木材等。通过丰富多彩的实物资料，人们可以从中了解铅笔的历史、用途、制造工艺，还可以参观正在生产铅笔的加工企业[①]。

香港特区政府于2008年启动了“活化历史建筑伙伴计划”，旨在通过与非营利机构的合作，争取实现公益事业和保护历史建筑双赢。2010年公布了第二批“活化历史建筑伙伴计划”，内容包括3大项目，预计修复费用总共约1.27亿港元，特区政府还将为负责计划的3家社会企业营运初期提供830万港元资助，依托各自的建筑特色和结构特点，将昔日的老建筑分别化身为环保训练营、服务大楼和主题餐厅等设施，不仅为历史建筑注入新的生命，而且丰富历史建筑的文化内涵，在改造性再利用中得到妥善保护。其中旧大埔警署将被“活化”为“绿学苑”，面向香港市民推广可持续的生活方

① 冯雁军：《乡村博物馆》，载《人民日报》，2009-05-26（15）。

式，提供教育课程和训练营，举办推广健康饮食的活动，设立文物展览馆等；位于港岛湾仔区的蓝屋建筑群将被“活化”为多元服务大楼，在继续为新老租户提供理想住所的同时，举办文化和教育课程及文物导赏团，运营两家食肆，并通过单位阁楼建筑展现早期香港的居住环境；位于九龙城的石屋将被“活化”为主题餐厅和旅游资讯中心，计划举办教育课程、导赏团等反映九龙城文物景点历史的活动。这些工程将于2013年下半年完成，项目实施部门对所有获选的计划都能在保护历史建筑的同时，为社区带来良好效益充满信心[①]。

二、名人故居旧址博物馆

名人故居是指某一历史人物出生、生活或从事活动，并对周围环境产生一定影响的场所，是一种特殊的文化景观。在众多历史名人中，有政治家、军事家，也有文学家、艺术家和诗人，有国内名人，也有国外名人，他们为自己的国家和民众，为社会进步和人类福祉作出过积极贡献，他们受到广大民众的敬仰和崇拜，他们应该永远活在人们中间。名人故居作为地域文化的载体，记录了当时当地的文化传统和风土人情，是城市记忆的守护者，是名人留下的一笔弥足珍贵的文化遗产，应受到关注和保护。名人故居不仅凝练着历史名人的生命光彩，也映射着人文思想的博大光辉。同时，名人故居是历史文化名城的重要组成部分，寄托着多重人文历史内涵。如果城市中每一位历史名人的行迹、思想与创作都能得到全面而精彩的展现，将使一座城市的精神魅力得以彰显，使一座城市的文化记忆得以传承。文化记忆是无形的存在，在现实生活中看不见，摸不着，因此它的存在必须通过有形的载体来体现，即通过实物衬托

① 孙浩：《香港公布“活化历史建筑伙伴计划”》，载《中国文化报》，2010-09-17(7)。

出来。因为只有充分唤醒这些记忆，才能使人们真正了解人类文化整体的内涵与意义。山海之间，这些承载着文化灵魂的场所脉脉诉说着历史的记忆，也倾注着对未来的期待，也正是在历史与未来的复合视野中，人们看到了名人故居修复开放的更为深远的意义。

宋庆龄故居

（一）注重名人故居真实遗存

由于名人故居是历史上某一名人曾经定居、生活过的地方，因此，利用其旧址进行再现历史瞬间的复原陈列，通过对历史人物活动的展示，表现这一历史阶段社会的面貌，可以凸现出故居主人非凡的人生经历和对社会的贡献，以及独有的魅力和巨大的感召力。人们慕名而来，在这里抒发自己的情感、汲取历史的营养，从中获得生活的动力，有着普通博物馆所不能比拟的优势。在欧洲城市中，名人故居的保护与利用以不改变现有用途、实物保护与设立标志牌为主，以建设博物馆、纪念馆进行资料、图片陈列为辅。在一些名人一生中经历重要阶段的故居建筑物外墙上，镶嵌着醒目的标志牌，上面有被纪念者的头像和在此生活的时间。这些标志牌表达出人们对先人的缅怀。在英国，伦敦、利物浦、伯明翰、爱丁堡、曼彻斯特等大城市都设有名人“蓝牌”，共计 900 余块，其中 70% 设在伦敦的繁华地区。这些蓝牌由铁质搪瓷制成，上面有 6 行英文字。第一行字比较大，写着人名。下一行是他的职务、身份，再往下就是在何领域有何卓越贡献、生卒年月。最后一行是某年某月在此居住。英国实施“蓝牌”制的做法，不仅是为了让名人文化走进社会公众的生活，也是为了还原、放大、升华文化的价值和尊严。

在当今大规模的城市改造过程中，如何保护好文化名人故居，如何使名人故居的保护性再利用融入城市文化和市民生活，一直是文物界、文化界乃至整个社会极为关注和倍感沉重的话题。上个世纪 90 年代以来，北京的文化名人故居的消失速度不断加快，拆除数量巨大，目前已被拆除的文化名人故居 98 处，占调查故居总数的 31.81%。特别是在所谓“旧城改造”和“危旧房改造”中大量文化名人故居被拆除，其中包括已列为市级、区级文物保护单位和文物普查项目，例如市级文物保护单位朱彝尊故居和区级文物保护单位林白水故居、尚小云故居、余叔岩故居等，均已荡然无存，有的名人故居则按照建设规划将被拆除。同时，由于保护、修缮和管理不力，大多数名人故居已经失去了当年的风采，这些名人故居主要集中在“大杂院”和一部分单位宿舍内，许多院落房屋年久失修，院内地面坑洼，私搭乱建现象严重，原有建筑格局遭到破坏，供电、用火带来的火灾隐患严重，名人故居内居民的居住条件亦亟须改善。目前，保护状况较好的文化名人故居只有 74 处，主要是一些单位办公用房和名人后代居住的独门住宅，其中辟为博物馆、纪念馆的只有 8 处，占总数的 2.60%。除少数文化名人故居挂牌明示外，绝大多数淹没在建筑群之中，鲜为人知，没有得到合理利用。

一段时间以来，各地名人故里之争硝烟不断，鏖战日趋白热化，从神话传说，到三皇五帝；从先秦诸子，到三国群英，众多省市参与其中，乐此不疲。名人故里之争，历史上也曾有过。在古代一些地方志的编纂过程中，为提高本地文化地位，或出于编纂人的主观愿望，或出于当地官员的授意指点，在未进行考证的情况下，即将一些与本地有联系的名人的出生地、久居地写入当地地方志，结果就出现几处地方都是同一“名人故里”的矛盾。这些地方志不应作为依据加以采信。今天，一些地方在发展经济的过程中，或者当经济水平发展到一定阶段后，出现了一种文化焦虑，发现本地原有的文化根基不够扎实、文化色彩不够浓厚，甚至成为经济社会发展的一个瓶颈。于是，当地与历史名人有关的一些内容，就会作为文化资源被“挖掘”出来。真正有历史文化积淀的城市，合理整合文化资源，深化城市文化内涵，是必要的，但是，在当今研究评价历史名人时，经常出现无视前人的定评和民间的口碑，肆意颠覆历史名人形象的情况，这样将会伤害民众的感情，伤害民族的集体记忆，导致社会价值观的失范和混乱。历史名人在我国文明发展史中有着特殊的意义。他们承载着民族的集体记忆，体现着社会的基本价值准则，受到历代民众的尊重和保护。而打着普及历史知识的旗号，对历史名人“恶搞”“戏说”“抹黑”，那只能说是对历史的亵渎。

江阴市刘氏兄弟故居是我国文化名人刘半农、刘天华、刘北茂三兄弟的故居，为一座 200 余平方米的清代民居。1990 年，刘氏亲属将故居和一大批刘氏兄弟珍贵文物郑重捐献给国家，由当地政府修缮并筹备建立“刘氏兄弟纪念馆”。前辈三兄弟作为忧国忧民的爱国者，为国家与民族付出了毕生奉献，后辈将哺育他们成长的故居捐献给国家，希望成为永留后世的珍贵文化遗产，令人感动。对此，当地政府有责任和义务对刘氏兄弟故居予以保护，并加以合理利用。但是，随着城市开发建设进程，刘氏兄弟故居却不断遭到厄运。2003 年前后，当地政府执意要将刘氏兄弟故居“移建”。此计划遭到侯仁之教授、吴良镛教授等五位专家学者的反对，他们“紧急建议立即撤销拆建‘刘氏兄弟故居’的计划，保持历史文物原貌”，受到有关部门的重视，并组织专家现场勘察，使原定错误计划得以制止。但是，不久五位专家又第二次紧急呼吁，刘氏兄弟故居周边的房地产开发以及道路建设，使故居处于被紧紧包围之中，待周边这些高楼大厦建成后，刘氏兄弟故居“则犹如一叶扁舟，飘摇在汪洋大海之中”，刘氏兄弟故居将难以发挥出应有的人文价值。遗憾的是，此次专家的建议并未得到重视，在短短一年中，刘氏兄弟故居南、北、东三面被新建的高楼大厦和城市道路紧紧包围。2004 年 8 月，刘氏兄弟故居又被进行拆改，20 多名工人边拆边垒，用红砖垒起了新墙[①]。

如果对自己国家的历史名人没有足够的敬畏之心，恐怕难以得到他国的尊重。其实“现在欧洲一些国家和地区也在‘争’一位史上著名的音乐大师，他曾在很多地方生活过。但是，各方争得却不是哪里是这位大师的‘故里’，而是在竞争，谁保存他的生活片段遗迹多、保存得好，因为谁这方面优胜，谁就能受到更多大众的青睐”[②]。名人故居带来的首先应该是保护的责任和义务，其次才是各方面可能的利益。西班牙哲学家 G. 桑塔亚（G.Santayana）说过：“不

① 全国政协文史资料委员会：《关于名人故居保护和纪念馆建设的考察报告》，2004-01。
② 董城，史楠：《“名人故里”之争何时休》，载《光明日报》，2010-05-11（5）。

尊重历史的人，注定要重犯历史的错误。”今天社会理应对历史名人多一份尊重，多一份责任。通过多种手段和方式，将文化展示、思想教育、文化体验和旅游观光等相互结合，充分发挥名人故居的作用。例如上海市政府将一批作为办公用房的名人故居定期分阶段向公众开放，市民和外宾踊跃参观，既增强了人们对上海历史文化名城的文化认同，又起到了教育、宣传、展示的作用，有利于形成良好的城市形象。名人故居是天津 20 世纪文化遗产的重要组成部分，从末代皇帝、前清遗老遗少、民国总统总理，到各部总长，各省督军，特别是文化名人都在此形成故居群落。天津市名人故居的保护和利用工作由文物、规划和旅游等多个部门共同参与，取得了较好的效果，已有 26 处名人故居被公布为市级文物保护单位，集中在五大道历史文化街区的名人故居全部挂上了说明牌，目前已经成为天津文化旅游的热点地区。

天津曹禺故居纪念馆

（二）展现名人故居文化价值

在欧洲，无论人们走到哪里，都能时常听到对名人的呼唤，历史名人总和社区生活相随相伴。例如悠久的历史和灿烂的文化在巴黎留下了许多世界闻名的文化遗产，巴黎的名人故居资源也非常丰富，不少世界顶级的思想家、作家、音乐家、美术家、艺术家们的故居，都妥善保存在城市中。如今著名剧作家雨果的故居，著名小说家巴尔扎克的故居，著名印象派绘画大师莫奈的故居，著名雕塑家罗丹的雕塑工场，著名画家毕加索博物馆等均作为名人故居对社会开放。北京地区的名人故居资源同样非常丰富，是古都文化的重要组成部分。经调查资料显示，在北京的历史城区内，有 308 处名人故居。从历史名人的类型看，可分为政治、军事、文化、艺术、经济、科技、医学和其他领域的名人，其中数量较多的是政治、文化和艺术类名人，这与北京的城市性质有关。从名人故居的历史产权看，有的是祖宅私产，有的是租赁房屋，有的是单位宿舍、公寓或会馆。这些名人故居大多是北京四合院传统民居中的精华，是北京历史文化的物化载体，是无法再生的宝贵文化遗产和文化资源。这些名人故居借助历史人物在全国、在世界的影响力，以及故居所特有的文化氛围，能够强化北京作为全国文化中心和历史文化名城的地位和作用。

目前，各地将陆续修复开放名人故居或建立名人纪念馆，作为提升城市文化品位，完善城市文化形象的重要举措。詹天佑纪念馆在宣传詹天佑精神和普及铁路知识方面卓有成效。在某种意义上，陈列展览就是博物馆与观众之间的互动交流。詹天佑纪念馆为了全方位、多视角挖掘詹天佑爱国创新的精神内涵，在陈列展览中增加了“做人·做官·做事”部分，突破工程技术领域，集中展示詹天佑的人格魅力，成为基本陈列的点睛之笔，不仅给观众塑造了一个有血有肉的詹天佑，拉近了观众与历史人物的距离，而且促进了观众思想情感的升华。詹天佑修建京张铁路的事迹，是目前小学教材中的内容。詹天佑纪念馆的京张铁路“之”字线沙盘模型，以动态形式真实模拟火车双机牵引穿越八达岭的情形，形象直观，使人仿佛身临其境，而且可以亲自动手操作，大大增加了陈列展览的科普性、互动性和趣味性，可以有效辅助学校教学，充分发挥纪念馆在形象教学方面的优势，实现博物馆教育与学校教育的有效衔接和良性互动。同时，通过对普通观众不熟悉的一些文物展品，例如詹天佑修建京张铁路时期使用的水平仪、火车连接装置自动车钩的使用方法等，进行详细介绍，操作演示，步骤分解，图文结合，简单易懂，激发了观众们的兴趣[①]。

复原陈列是名人故居旧址博物馆通常采用的方法，即有根据地复原旧址内的陈设，并展示给人们，更能展现出那一历史时代的气息，透露出更多的历史信息，更具有真实感，也更贴近参观者。通过复原陈列使观众了解曾经在旧址内活动的历史人物，发生在旧址内的历史事件，进而深入了解这段历史，获取有益的启迪。这种环境的真实是其他博物馆所不具备的。但是，目前一些名人故居旧址复原陈列单调贫乏，展示内容单一，多以展示历史图片为主，而缺少实物资料，很难获得观众认可，也很难成为真正意义上的博物馆。在一些名人故居旧址博物馆中，常常看到的是破旧不堪的桌椅，空空荡荡的书柜，房间内零散地摆放着几件残破的日常用品，缺乏历史信息和生活场景，自然不会引起观众的兴趣。名人故居旧址博物

① 付建中：《构建博物馆与公众社会的互动》，载《中国文物报》，2010-08-04（4）。

馆陈列展览中的人物元素，是值得深入研究和表现的内容。实际上，场景中的细节是氛围营造的基本元素，只有深入挖掘细节，才能达到营造历史氛围的真正目的。只有展示的细节充实丰满，营造的环境才更具有真实感。但是，要复原一位场景中人物的生活和工作环境，就必须认真研究相关人物的生活经历和志趣爱好，以及在旧址上发生的与该人物相关的历史事件，并把研究成果制作成形象的展示，使观众通过这些特殊展品，在真正的名人故居旧址上，在特定的历史氛围中，感受相关人物的魅力，获得更多的历史信息。

台湾台北林语堂先生故居

名人故居的文化价值主要是精神价值。一般来说，凡是重要的历史名人，都有大量以往专家学者对其生平事迹、学识修养、性情习惯和兴趣爱好的专项研究成果。通过细心研究史料，挖掘故居中看似平常的珍贵细节，才能再现出故居主人独特的精神世界，体现出独特的文化氛围。应该说名人故居的魅力与名人故居建筑的华丽与简陋没有直接关系，印象派大师凡·高在巴黎郊区的故居，不但十分简陋，而且房间只有 6 平方米，但是一直完整地保存到现在，参观者在这样的故居建筑内，才能更加深刻地感受到画家的伟大情操。历史名人曾经居住过、工作过的地方，凡是能保护的应该尽量加以保护，其中一些具备条件的，建立名人故居旧址博物馆，供人们瞻仰。名人故居是社会文明的载体和象征。当人们走进为国家、为民族、为民众作出毕生贡献的名人故居时，心中的敬仰之情必然油然而生，令人们激动不已。面对历史名人使用过的物品，历史名人居住过的房屋，仿佛历史忽然站立了起来，鲜活、生动、真实，看得见、摸得着。少数历史上知名的反面人物的故居，同样也对民众起着牢记历史的警示作用。名人故居旧址博物馆所蕴藏的独特内涵和肩负的社会使命，决定了它必将受到社会各界的特殊关注和期待。

当前，在名人故居的保护中，注重保护故居旧址本体却破坏了周边环境的事例不胜枚举。虽然投入巨大人力、物力对不合理利用故居的单位或住户进行搬迁安置，对故居建筑进行保护修缮，但是对名人故居旧址周边的环境却随意加以改造。一些地方为了突出名人故居旧址的地位，将历史名人原来的老邻居们拆迁搬离所居住的街巷或村庄，取而代之的是一片花红柳绿的花园，修建纪念广场、移植高大树木、添加喷泉水面、配以灯光绿地，使名人故居旧址像纪念碑一样凸现出来，虽然环境“美化”了，但是历史名人成长的真实环境杳无踪影，名人故居旧址的原有记忆将被世代误读，破坏了历史名人生活和工作过的特定情节。现在不少地方喜欢在名人故居周边建设仿古建筑，实际上是舍本逐末，因为每一个经过历史磨砺的文化遗迹都有自己独特的价值，是任何仿古建筑都无法比拟的。名人故居旧址博物馆应重视总体环境的设计，不应随意改变周边环境，失去历史真实性和完整性。同时，要综合考虑故居内外环境，形成整体和谐的文化景观。如今大部分名人故居已经作为民居或单位用房被超负荷利用，对于这些“养在深闺人未识”的名人故居，各级政府应发挥引导作用，向居民详细介绍故居以及相关的历史背景，使他们能够积极支持名人故居的保护。还可以利用各种资源，调动名人后代、基金组织、保护协会等社会群体的力量，形成名人故居保护的合力。

（三）发挥名人故居教育功能

名人故居博物馆通过展现故居与当时人们社会生活的生动画面，揭示其发展和变化的历史进程，以及对当今社会生活可能产生的影响。由于名人故居博物馆展示内容主题鲜明，重点突出，适合于知识获取和文化休闲。一般综合博物馆或专题博物馆，由于所展示的文物藏品脱离于它赖以产生的背景，孤立于它长期存在的环境，使普通参观者很难将文物藏品置于相应的时空场景中进行思考。而名人故居博物馆提供给观众的是一个恰当的历史氛围，观众对故居建筑和环境以及与之相关的文物资料，容易形成一个整体的、立体的、全面的认识。同时，名人故居博物馆有利于增强社会公众由被动接受转向主动接收的意识，即由“参观博物馆”走向“阅读博物馆”。“阅读博物馆”是博物馆传播自身信息的新理念、新境界。名人故居博物馆在这方面拥有得天独厚的条件，能使参观者了解每一件文物藏品在漫长的历史进程中所经历的沧桑岁月，了解它们背后鲜为人知的事件和人物，通过“阅读博物馆”，使观众将自己的感受融入名人故居博物馆之中，并成为日常文化生活的组成部分。名人故居博物馆在多大程度上满足社会公众的文化需要，应作为评估博物馆文化传播效果的标准。伴随现代社会的迅猛发展，社会环境的不断变化，社会公众对博物馆的功能与职能不断提出新的要求，因此，名人故居博物馆的研究内容需要不断扩充，研究范围需要不断扩大。

浙江杭州都锦生故居

青岛境内既有天下名山崂山，又有海产丰富的胶州湾，吸引了历代众多名人客寓或定居青岛。1930 年青岛大学成立，一批我国当代知名作家、社会学家和科学家应聘到这里任教，八关山成为他们生活、工作、创作的地方，也使青岛成为当时我国北方最有影响的文化名城。如今，历史文化名人在青岛曾经生活过的旧居，已经成为记录历史的珍贵文化遗产，成为点缀青岛“红瓦绿树、青山碧海”城市景观的璀璨明珠。青岛市对“青岛文化名人”的界定是：“具有爱国主义思想、为人类文明与进步、为弘扬民族优秀文化作出杰出贡献的青岛籍或在青岛工作过 3 年以上，或虽不够 3 年，但是在青岛工作期间有过特殊贡献的已故的文化界、教育界、科技界、体育界和卫生界人士。”按此界定标准，2003 年被青岛市政府列入《青岛文化名人故居》名录并设置标志牌保护的共有 20 处文化名人故居，包括 18 栋历史建筑。这些文化名人故居错落分布于山麓海畔之间，海滨风景区内，环境清静幽雅。青岛市将名人故居最集中的福山路 -- 鱼山路，命名为“文化名人故居一条街”，并设置了醒目的标志牌。整洁、幽静的街道营造出特定的文化氛围，使参观者一踏入该区域就能感受到浓厚的文化气息，也使社区内的居民为自己能与文化名人为邻而感到骄傲和自豪，从而自觉地参与名人故居的保护和宣传[①]。

山东青岛康有为故居

老舍是获得“人民艺术家”光荣称号的现代作家，著作等身，

① 魏明，隋永琦：《青岛名人故居保护与利用的探索》，载《中国文物报》，2010-09-10(6)。

享誉世界，留下了丰厚的文化遗产。1934 年至 1937 年的青岛岁月，是老舍文学创作生涯中的重要时期，在此他创作了长篇小说《骆驼祥子》等一些重要作品，丰富了我国现代文学宝库。老舍故居位于八关山北坡下的一条僻静街巷内，近年来，青岛市为修复开放老舍故居，安置了楼内的十几户居民，对故居建筑进行全面修复，使这幢欧式小楼唤醒了青岛一段珍贵的文化记忆。如今，这座故居建筑连同它所封存的文学与历史记忆一起敞开，成为一座专题博物馆。2010 年 5 月，笔者有幸参加了“骆驼祥子博物馆”的开馆仪式。这是值得纪念的时刻。老舍故居以“骆驼祥子博物馆”的形式对外开放，成为国内首家以现代文学名著为主题的博物馆，体现了博物馆文化的多样性和地方特色，丰富和完善了我国博物馆类型体系。骆驼祥子博物馆是一座有力度、有内涵、有感情的名人故居旧址博物馆，全面梳理了老舍在青岛时期教书、生活与创作的情况，详细解读了老舍代表作《骆驼祥子》的诞生过程与文学内涵，不但对当时老舍的精神世界作了深刻的刻画与生动的阐释，而且特别注重老舍与城市、与时代、与作品中人物形象的命运联结，呈现出一个真实而丰富的老舍。

一座城市经济和社会事业的发展，在一定程度上取决于文化的发展，取决于民众的文化态度。尊重文化，给文化遗产以尊严，对一座城市而言，必须用行动来证明，用行动来诠释，并从维护文化细节开始。其中使城市中星罗棋布的名人故居得到精心保护和合理利用，可以使城市文化的影响力和感召力更加鲜活、更加生动。调查表明，名人故居旧址纪念馆在中小学生中有较大的潜力，是服务的重点对象。中小学生正是世界观形成时期，在成长的过程中，他们崇拜偶像，需要榜样，于是他们对历史名人的成长经历、奋斗历程和所取得的成就有着较大的兴趣。了解中小学生的这一特征，让更多的青少年走进名人故居，通过历史名人的事迹引导他们树立正确的世界观，应是名人故居旧址博物馆的职责。长期以来，鲁迅的许多作品作为汉语言文学的经典之作，编入我国中小学语文课本，在课堂上反复讲授，对我国几代人的汉语表达和人格培养产生了难以估量的影响。今天，鲁迅作品仍然是大中小学课堂教育中的重要内容，其作品入选语文课本的数量达 17 篇，远远超过任何一位其他作家。让名人故居旧址博物馆为国民教育服务，帮助中小学生更多地了解鲁迅所处的时代情景，进而更好地理解课本中的鲁迅作品，是各地鲁迅博物馆一直以来都在努力的方向。

名人故居也是一所特殊的学校，是人们学习历史文化，缅怀先贤业绩，弘扬前人美德的重要场所，具有很强的教化作用和陶冶情操的功能，尤其是具有对青少年进行思想道德教育的作用，很多名人故居已成为爱国主义教育基地。从目前情况看，名人故居博物馆在陈列展览、社会教育等方面，在深度和广度上还有很大的提升空间。例如名人故居博物馆有目的地加强与同一城市或不同城市的其他名人故居博物馆，以及综合博物馆之间的横向联系，逐渐成为价值互补的博物馆资源共享网络。在北京，新文化运动纪念馆与宋庆龄故居、北京鲁迅博物馆、郭沫若纪念馆、茅盾故居、老舍纪念馆、梅兰芳纪念馆等 7 家名人故居、纪念馆联合举办的爱国主义教育系列活动已经延续了多年，“7 家名人”已经成为京城博物馆界非常有影响的文化品牌。在“请进来”的同时，主动“走出去”，与社区、学校、部队共建共育，不断扩大教育覆盖面，被观众誉为“无墙的博物馆”。不仅如此，“7 家名人”系列展在国外也产生了较大的影响，几年来，展览分别赴马来西亚、新加坡、日本、韩国、澳大利亚展出，促进了与海外的文化交流。让更多的人走近历史文化名人、了解历史文化名人、学习历史文化名人，丰富广大民众的精神文化生活，特别是在青少年思想德育教育方面，展现出名人故居旧址博物馆的独特价值[①]。

三、工业遗产旧址博物馆

建筑是人类文化的重要载体，人类自从有了建筑活动开始，建筑就与文化结下了不解之缘。建筑通常分为工业建筑和民用建筑，过去在关注建筑文化时，人们往往首先考虑民用建筑，而工业建筑的建筑文化却往往被世人所忽视。实际上，最早的工业建筑可以算是作坊，最初的作坊与家庭的居住生活密切结合，所以早期并分不出什么是工业建筑，什么是民用建筑。其后，由于生产发展，建筑规模扩大，单独建设了生产作坊和厂房。欧洲工业革命以后，大量的生产厂房出现，工业建筑则成为了一个独立的门类。工业建筑为生产活动而建，其门类繁多，有重工业和轻工业之分，又可分为钢铁工业、能源工业、信息工业、化学工业、机械工业、纺织工业、电子工业、造船工业、汽车工业、食品工业等许许多多的门类。由于生产工艺的不同，对厂房建筑的要求不同，因而形成了许多体量不同、外观形象不同的各式厂房建筑。对于工业遗产保护，既不能界定过窄，导致文化遗产的消失；也不能界定过宽，失去保护的重点。目前，国际上工业遗产旧址博物馆的实践和工业遗产的保护与利用模式，主要包括室内工业遗产博物馆、露天工业遗址博物馆、工业遗产公园和工业建筑遗产保护性再利用等多种类型。每一处工业遗产均应根据遗存特点、保护状况和社会需求，确定自身的发展

① 李玫：《博物馆走进社区的意义及途径》，载《博物苑》，2008（1），25页。

路径。

吉林长春电影制片厂

（一）保护工业遗产文物本体

室内工业遗产博物馆，是指馆舍坐落于原有的工业厂房或仓库等历史建筑遗产中，或由历史建筑遗产经保护性再利用作为馆舍，其博物馆藏品和陈列展览也往往是与工业历史和工业遗物有关的内容。从 20 世纪 60 年代开始，一些发达国家先后进入后工业化时代，城市中出现大量废弃的工业建筑和遗存。在探索工业遗产有效保护方法的实践中，工业遗产博物馆应运而生。在法国，与卢浮宫隔塞纳河相望的奥塞博物馆，其前身是为举办 1900 年第一届世界博览会所兴建的新客站大楼，1986 年经大规模改建后成为博物馆。火车站两边的月台现在为展览大厅左右两侧的画廊，中间轨道部分改建为开阔的雕塑大厅。楼上原有的 400 多间客房，经过重新布局，变成为多个贯穿相连的小型展厅和陈列室。博物馆顶部 3.5 万平方米的拱形大玻璃天棚，为雕塑大厅提供了自然明亮的采光。原本悬挂在火车站上方富丽堂皇的奥塞大钟被保留下来，现在已经成为奥塞博物馆的形象标志，也是其最醒目的艺术展品。在英国，利用工业建筑作为馆舍的艺术类博物馆中，最典型的代表是泰特美术馆。该馆位于市区泰晤士河南岸，利用伦敦旧发电厂高大而宽敞的建筑改造而成，高大的烟囱和工业厂房建筑与河对岸著名的圣保罗大教堂遥遥相对，成为伦敦市中心的一个地标性文化景观。

在欧洲，工业革命和第二次世界大战遗留下来的大量工业厂房，曾经是城市衰败和颓废的象征，而当代正在作为工业遗产重新得到重视，并以崭新的姿态成为城市复兴的积极因素。工业遗产博物馆的出现与城市发展、产业转型以及文化遗产保护意识的增强有关，也是工业遗产保护运动与博物馆事业相结合的产物。英国威尔士拥有丰富的工业遗产资源，该地区的众多工业遗产博物馆专注于本地区煤矿、板岩矿、钢铁生产及海事历史的展示。2005 年在斯旺西新建的国家海滨博物馆，则使公众可以通过新技术“重返”工业革命时代。博物馆坐落在斯旺西历史上的海事区域，其新建部分以威尔士石板和玻璃幕墙为外观构架，由玻璃长廊连通维多利亚晚期码头上典型的砖砌仓库，使历史与现代相衔接。博物馆的设计初衷，是让参观者通过历史环境和现代设计的互动手段，了解世界上最早进入工业化国家的民众如何生活和工作，因此，博物馆不仅反映工业技术发展历史，而且更加关注历史时期平民百姓的生活。这座工业遗产博物馆由现代建筑与数百年前的仓库相连通，使参观者得以在现实与历史之间穿行。当地政府希望博物馆成为新威尔士的象征，让这段工业历史记忆留在人们心中。

我国的工业遗产博物馆产生于最近 10 年。在保护工业遗产的探索实践中，工业遗产博物馆也开始出现。目前已建成开放的有青岛啤酒博物馆、无锡中国民族工商业博物馆、武汉张之洞与汉阳铁厂博物馆、大冶矿山公园博物馆、沈阳铁西工业遗址博物馆以及唐山开滦博物馆等。就收藏和展示内容而言，室内工业遗产博物馆有单一性和综合性之分。所谓单一性工业遗产博物馆，是指利用原有的工业建筑建立的工业遗产博物馆，收藏和展示的物品主要都是本企业的历史遗存，展现了本产业的发展历史。综合性工业遗产博物馆，实际上是多行业的综合体，例如江苏无锡的中国民族工商业博物馆，其馆舍是我国早期民族工业起源地之一的荣德生茂新面粉厂旧厂房，馆内收藏和展示的工业遗产，除了面粉生产业机械与设备外，还包括近代以来无锡地区纺织业、商业等在内的各类老旧机器和设备设施等实物，综合反映了我国民族工商业的发展历史。目前，一些位于城市中心区域的工业建筑遗产，由于具有较好的地理区位优势，正在逐步加以保护性再利用。除了对一些重要工业遗产严格保护，并开辟为工业遗产博物馆外，对具有一般价值的工业建筑遗产，视其工业建筑结构特点，或作为文化活动场所，或作为公共游憩空间，或利用为创意工作室、艺术画廊等。

2008 年，明孝陵博物馆利用原南京手表厂的部分厂房，建立明孝陵博物馆新馆，并于 2009 年 2 月正式面向社会开放。新馆用作主体陈列展览的是一座长 52 米、宽 13 米、高 8 米的工业厂房。在外观设计上，具有浓郁的江南建筑风味，简洁明快的白墙青瓦掩映于苍松翠柏之间，环绕的小道及门前广场均以各式青石板铺就，古朴典雅。在内部设计上，展览色彩选取红、黄、灰三种颜色为主色调，红色是中国传统的吉祥颜色，也是皇家宫殿墙体的通用颜色，黄色是明代皇家的御用颜色，灰色代表城砖颜色。三种颜色或巧妙搭配，或以单种颜色占据较大的墙体平面，凸显出物理空间的视觉效果。在建筑面积有限的情况下，因地制宜，陈列设计充分利用厂房的高度优势，使展线向空中和地下延伸。同时，努力将空间利用与陈列内容有机结合，力求达到相得益彰的效果。例如基本陈列以朱元璋与明孝陵为主线，内容上分为天、地、人三个元素。朱元璋由平民成为皇帝或者说“天子”，是从“人”到“天”，由皇帝而崩逝葬入孝陵则是从“天”到“地”。这种人、天、地的变化通过展示空间中高度的抬升和下降得到了很好的揭示。合理的色块布置配合以高低起伏的展线所创造的物理空间，给人的感觉是空间大而合理，内容多而有序，形式传统而又不失现代性，既突破了博物馆展板加展柜的传统展示手法，也突破了“博物馆成为挂在墙上的教科书的老面孔”。

江苏明孝陵博物馆

京奉铁路正阳门东车站位于北京天安门广场东南角，是我国铁路的早期建筑，始建于1901年，从它诞生之日起，便见证着无数的历史事件。当年为了军事运输需要和加强对北京城的控制，英国侵略者强行将铁路从永定门延伸到正阳门，延伸到清王朝统治者的皇宫附近。建成后正阳门东车站成为当时全国最大的火车站，也是当时我国最大的交通枢纽。在1959年9月新北京火车站开通运营前，这里每天人来人往、熙熙攘攘。上世纪60年代初，老车站首先被改造成铁道部的科技馆，不久之后又被收归北京铁路局，建成北京铁路工人文化宫，候车室则被改造成剧场使用多年。上世纪90年代，铁路拓展多种经营，拆除剧场，改造内部，老车站先后被改建成“老车站商城”和“电讯市场”，车站内部布满了商店、摊位。京奉铁路正阳门东车站地理位置优越，文物价值突出，理应得到精心保护、合理利用。2008年8月，老车站在接受全面修缮之后，作为铁路博物馆向社会开放。包括路轨、站牌、信号灯具、票证、线路图、老照片等百余类文物进入展览，总数超过2000件。铁路博物馆还为参观者设置多项互动式项目，例如模拟动车组机舱，时速最高可达每小时350公里，让参观者实现驾驶高速列车的体验[①]。

（二）保持工业遗产历史环境

露天工业遗址博物馆，是对整个遗址采取的一种整体性保护措施，往往建在大型或超大型的工业遗产地。发达国家对于近代工业遗存的大遗址整体性保护，一般采用建设露天工业遗址博物馆或工业遗产公园的形式。这样既保护了工业生态环境，又使整个工业遗产地成为工业文化景观，在对工业遗产有效保护的同时，产生可观的综合效益。在英国，最著名的露天工业遗址博物馆是铁桥峡工业

① 杨汛：《前门火车站即将“变身”博物馆》，载《北京日报》，2008-04-23（9）。

遗址。铁桥峡是世界上最早的钢铁工业区。1980 年铁桥峡又被规划成为世界上最早的工业遗产文化景观区域，该区域占地面积达 10 平方公里，是一个由 7 个工业纪念地和工业遗产博物馆、285 个受保护的工业建筑遗产整合为一体的工业遗产文化旅游胜地。位于英国南威尔士的布莱纳文工业文化景观也是露天工业遗产博物馆。该遗址区域内还有一座位于矿井中的工业遗址博物馆，这座矿井从 19 世纪开始生产，一直到 1980 年才停止作业，随后经过保护性再利用开始对外开放。参观者能够直接下到真实的矿井中参观，感受矿工们在井下的作业和生活。工业遗址博物馆区域内的所有遗存，包括早期的铁路系统、大熔炉、煤矿和铁矿的矿井、采石场、工人住宅区以及社区的基础设施等，至今保存完好，这是世界上保存得最完好的钢铁联合体。

德国鲁尔工业区作为大型工业遗产地的露天工业遗址博物馆具有代表性。鲁尔区大大小小的工业遗产博物馆有 200 多座，如今鲁尔工业区不仅“擦去了脸上的煤灰”，而且成为世界著名的工业文化旅游胜地。该地区的埃森曾是历史上最重要的煤炭 -- 焦化厂，现在已经成为一座大型露天工业遗址博物馆，因其独特的工业景观促成的文化繁荣，使埃森一跃成为“2010 欧洲文化首都”，区域内的工业建筑具有典型的鲍豪斯建筑风格，简洁大方，具有很强的艺术感染力。1998 年，鲁尔工业区规划机构制定了一条连接全区的工业文化旅游路线——“工业遗产之路”，这条路线连接了 19 个工业遗产景点、6 个国家级博物馆和 12 个典型工业城镇，同时鲁尔工业区还规划了 25 条各具特色的工业遗产文化旅游线路，几乎覆盖整个鲁尔工业区。实践证明，加强对工业遗产的科学保护和合理利用，可以有效地促进对城市近现代历史，工业文明进程，以及科学技术发展历史的研究。可以有效地推动城市功能的提升、空间结构的优化、城市经济的转型、土地集约利用水平的提高，并在增加城市就业岗位、改善居民生活质量，改善城市环境面貌、提高城市竞争力等方面均具有十分重要的作用。工业遗产资源的保护性再利用，应充分维护城市公共利益，以传承城市历史文脉，彰显城市文化特色，提升城市功能品质，促进资源合理利用，实现就业和居住平衡，推进城市可持续发展为根本出发点。

德国弗尔克林根铁工厂遗址

我国近代工业由于其特殊的产生、发展条件和殖民地半殖民地的社会性质，具有依赖国外进出口、国内供销失衡等特点，因此我国近代工业企业大都占据城市交通条件较为优越的区域，或是铁路、公路密集区域；或是城市滨水区域；或是与城市生产生活联系较为密切，便于管理的区域等，以满足工业生产和销售需要。这种特征使得我国的工业遗产很多处于城市建成区域的核心地段，与当前城市经济社会发展关系十分密切。同时，工业遗产保护与城市开发建设之间的矛盾也异常突出，成为工业遗产保护的难点和重点。今天，工业遗产保护已经成为文化遗产保护的重要组成部分。荒废的工业厂房、破旧的机器设备、弃用的铁路设施和枯竭的矿山旧址等，这些工业遗产虽然早已丧失了原有的使用价值，但是其承载的工业文明，记录的工业发展历程，在今天的社会文化生活中，仍然可以释放出无穷生机与活力。因此，对于城市中的工业遗产资源，需要不断发掘，进行详尽的调查，摸清家底，登录注册；对于不同尺度和环境的工业遗产，需要进行价值评估，对于历史沿革、建筑遗存、旧址范围和工业文化景观等予以分析研究，确定科学保护原则；对于工业遗产的合理利用方式开展研究，分析其保护状况、管理现状和周边环境，确立保护性再利用方案。

以大生纱厂为核心企业的唐闸近代工业历史遗存，是自洋务运动以来，我国近代工业历史遗存中整体规模保存最完整、最集中，工业门类保留最丰富、最充实，原址原状保护最真实、最完善，同时又是最具典型意义的我国早期私人资本民族工业的杰出代表和宝贵历史见证。随着城市化进程加快，南通工业结构重组，发展重心南移，唐闸镇多数传统产业终因种种原因积重难返，不少企业停产、职工下岗、商业凋敝，唐闸镇成为一座孤岛型老工业城镇。但是，今天唐闸仍然保存着工业重镇的历史风貌。近代唐闸的空间布局没有被现代高层建筑所破坏，保持着 20 世纪 20 年代工业城镇的肌理。百年工业重镇的工业遗产在被人遗忘中，由历史的经济包袱变为现实的文化资源。今天唐闸镇留下了百年工人住宅区和传统民宅建筑群，留下了具有西洋风格的近代商业建筑群，留下了通扬运河两岸规模宏大的近代储仓建筑群，留下了红楼、医院、戏院、公园、码头、菜场、船闸等全套社会生活设施。这些工业遗产既是见证南通工业文明与城市变迁的宝贵文化财富，又是彰显城市个性和城市精神的文化载体，还是唐闸工业重镇具有标志性的地域特色与环境风貌。它们是南通城市文化底蕴的魅力所在、特色所在、根脉所在，对唐闸工业重镇旧址和工业遗产的保护具有整体的战略性意义①。

辽宁省阜新海州露天煤矿是我国第一个五年计划156项重点项目之一，因煤炭资源枯竭于2005年5月关闭。其工业遗址长4公里、宽2公里、深350米，是世界上最大的废弃人工矿坑之一。如今，阜新海州露天煤矿化腐朽为神奇，改建成国家矿山公园，全景式展示了现代我国工业文明百年发展的历史，曾被选入中国普通邮票和人民币背景图案，其丰富的工业文化遗址和特殊的文化旅游资源十分罕见。矿山公园内陈列有电镐、蒸汽机车、牵引机车、潜孔钻机等大型采掘设备，每一件展品都有背后的故事。此外，总建筑面积达5000平方米的A、B双体矿山博物馆正在紧张布展。矿山博物馆将采用高新科技手段揭秘煤从形成到被开采出来的全过程，用丰富实物展现煤化石、硅化石、玛瑙、玄武岩柱等罕见化石，再现不同年代矿工生活场景。矿山博物馆讲述煤炭与人类的密切联系，展示古代劳动人民发现煤炭、挖掘煤炭、使用煤炭的历史画面；展示近代社会中煤炭推动工业革命的功绩；展示现代社会中煤炭给人们生活带来的便利，同时预测煤炭的未来前景，提醒人们必须科学规划并合理利用煤炭②。矿山公园将利用现存的85辆国内外生产的蒸汽

① 姜平，张廷栖：《唐闸近代工业遗产普查实录》，载《江海文化研究》，2007(6)，1页。
① 魏运亨：《世界上最大的废弃人工矿坑成为中国工业遗产旅游示范区》，载《中国文物报》，2009-05-01（1）。

机车和电机车，建设蒸汽机车博物馆；矿山公园还将利用 15 公里矿山铁路，向参观者提供驾驶蒸汽机车、摄影观光等工业文化旅游项目。

（三）实现工业遗产合理利用

实现工业遗产合理利用，是指应以系统、整体的观念对工业遗产资源予以确认，着眼于工业遗产在城市可持续发展中的不可替代作用，从城市总体发展高度、城市整体空间层面，对工业遗产的合理利用进行宏观战略定位。要保护大量工业遗产，就必须根据不同工业遗产的性质，探索更为合理而广泛的利用方式，例如利用工业遗产资源创办博物馆、美术馆、展览馆、社区文化中心等，也可以针对工业遗产建筑所特有的历史底蕴、特色空间和文化内涵，使之成为激发创意灵感、吸引创业人才的文化产业园区，开展美术创作、产品研发、建筑设计、科学普及、社区教育等。为此，应认真做好工业遗产的价值评估，制定合理利用方案，本着节约资源和可持续发展的原则，避免对于具有保护价值的工业遗产进行简单的拆改；应创新土地使用机制，调动产权人和利用者对工业遗产保护的积极性，实现文化效益和经济效益的统一，形成良性持续的工业遗产保护氛围；应充分考虑工业遗产的建筑质量和可适应度，确保保护性再利用的安全性，并高度重视污染土地的再利用问题；应鼓励工业遗产保护性再利用与文化创意产业相结合，与文化博览、科普教育相结合，与文化旅游、生态环境建设相结合，形成工业主题博物馆、工业遗产公园、创意产业园区等灵活多样的发展模式，承载城市健康发展的新功能，增加社会公众生活的新体验。

维利奇卡盐矿是古老的地下奇观，位于波兰克拉科夫附近，自公元1044年偶然发现盐矿开始，这里便开始了旷日持久的开采，成为人类从中世纪开始创造的地下文明，于1978年被联合国教科文组织列入《世界遗产名录》。早在14世纪，这个盐矿创造出波兰王国超过30%的收入。但是在采掘了近1000年后，盐矿于1996年停产。当人们徒步走下300多级台阶，直到地下100米深处，看到维利奇卡盐矿的“大门”。这是盐矿的第一层，盐矿地下共分9层，深327米，长度超过300公里，其中建有房间、礼拜堂和地下湖泊等，宛如一座地下城市。曲折蜿蜒的地下一层有几个规模不大的盐矿博物馆，展示有中世纪矿工劳动时的情景和当时宗教人物的盐雕，还复原了中世纪采盐的面貌，充满智慧的人畜动力装置，利用滑轮的双向性原理，既能将矿井中的盐吊上来，又能将上面的积木吊到矿井中。地下三层是著名的圣金加教堂，该教堂始建于1896年，历经近70年，于1963年建成。教堂54米长，宽18米，高12米，地板上布满精美花纹，天花板上有精美吊灯。据统计，整个地下9层矿区，共有大小教堂、圣坛47座，它们分布在2000多个挖掘而成的洞室中。维利奇卡盐矿是迄今为止世界上发现纯度最高的盐矿之一。在这里展示给人们的白色菜花状的结晶体、黑色的透明岩石、碧绿的地下湖泊，都是盐的最生动的形态[①]。

在日本1000多家博物馆中，除了人们所熟悉的历史博物馆、艺术博物馆和自然博物馆外，还有很多由企业创办并运营的工业主题博物馆。日本企业设立的工业主题博物馆，与我国不少企业创办的专题博物馆不同，在博物馆的展厅里并没有布置企业所获得的奖杯或锦旗等荣誉物证，而是最大限度地追求博物馆陈列展览与社会公众的互动效果，更多地通过展出与本行业有关的文物和资料信息，

① 赵岚：《地下奇观：维利奇卡盐矿》，载《精品阅读》，2010（3），142页。

德国埃森的矿业同盟工业区景观

从而间接介绍本企业的历史和产品，既增加社会民众在博物馆学习知识的机会，也促进了企业文化的发展。1975 年，资生堂公司在日本静冈县建造了一座大型工厂，为了感谢当地居民对工厂的帮助，同时也为了接待前来企业的参观者，该公司在工厂附近建设了资生堂艺术馆，艺术馆内共有约 1600 件收藏品，主要收集了 1970 年以后日本艺术家的作品，每 3 个月策划更新一次展览。之后又在工厂附近增建了企业资料馆，作为专门生产化妆品的企业，资料馆内陈列的各种香水、口红、粉饼也就构成了一座化妆品博物馆。由于艺术馆和企业资料馆均免费对公众开放，因此企业方面每年都要投入上亿日元资金维持运转。但是在企业看来，这两个展馆不仅记录和保留了企业的发展历史，也是对当地居民在文化上的回报，最终也起到了企业宣传的作用[①]。

京张铁路具有百年历史，是中国人自主设计施工的第一条铁路干线，沿线的铁路桥、车站、隧道与沿线环境融为一体，特别是京张铁路沿线有关沟十二景，八达岭长城等，具有很强的观赏性，具有突出的文化景观遗产价值。为此专家呼吁，不能仅仅保护建筑遗存，而应尝试将京张铁路作为工业生态博物馆。平绥西直门车站旧址为詹天佑主持修建京张铁路时所建，遗存有站房、站台、机车库及员工宿舍等，是现存京张铁路站场设施中唯一保存较完好的一处。其中站房建筑为西方古典风格，是研究我国近代铁路发展史和建筑史的重要实物例证。2009 年 5 月，在京张铁路百年小站青龙桥车站举办的一场别开生面的展览，整个青龙桥车站作为“展品”呈现给世人。青龙桥车站位于万里长城和京张铁路交汇处，目前仍在使用。展览恢复了车站外部的女儿墙、烟囱、油灯座、百叶窗、报站器、男女候车区等原有环境，利用老照片、影像资料呈现车站历史面貌。站舍院内陈列有百年历史的钢轨和参观者可以自己动手操作的老式手动道岔。京张铁路将作为文化线路被保存下来，乘客乘坐和谐号穿过铁路沿线的百年小站等建筑遗存，同时饱览关沟十二景和八达岭长城风光，京张铁路也就成为一个工业遗产长廊和工业遗产博物馆[②]。

保留至今的工业遗产，横跨古今中外，纵观兴衰沉浮，历经沧桑巨变，传承人类智慧，昭示当代进步，启迪未来发展。工业遗产不仅从一个侧面记录了我国近代饱受列强凌辱的历史，同时更见证了近现代工业文明发展历程，承载了前人的无穷智慧和劳动创造，

① 严圣禾：《走进日本企业博物馆》，载《光明日报》，2009-08-07（8）。
① 舒欣：《京西老厂房等待华丽变身》，载《世界新闻报》，2009-12-04（7）。

构成社会公众的宝贵记忆，体现城市的独有特点和文化个性。与民用建筑相比，工业建筑遗产往往具有高大的空间尺度、粗犷的文化气质和独特的沧桑美感。首钢旧工业区现址 7.07 平方公里，“按照目前的初步设想，2010 年首钢在北京的钢铁生产项目停产后，将会在现址内建设一座展现钢铁工业史的博物馆。博物馆的镇馆之宝，就将从首钢现在的厂房和生产设备中选取”。首钢旧工业区内的工业建筑遗产主要为体量巨大的厂房和仓库，其中炼铁高炉是启动区的制高点，高约 100 米，也是首钢的标志性建筑。在首钢旧工业区内有列入文物保护单位的建筑 3 座；还有登记保留建筑 81 座，其中强制保留建筑 36 座、建议保留建筑 45 座。规划设想采取多种方式，科学合理地保护和利用这些工业遗产，例如一些高大的工业厂房可以作为博物馆、艺术展览馆，一些工业旧址可以作为创意工坊，一些高耸独特的高炉、冷却塔等机器设备可以作为登高观景设施，其他一些体量较小、样式独特的机械设备、生产设施、交通设施等可以作为工业主题公园内的陈列品和基础设施[①]。

① 周健森：《首钢厂房旧址将建工业博物馆》，载《北京日报》，2007-01-12（4）。

关注“人”“自然”和“社会”环境中的民族博物馆建设[①]

（2013 年 7 月 5 日）

民族文化遗产是中华民族优秀文化遗产的组成部分，是我国各族民众在缔造祖国的历史进程中，共同创造的多元一体的中华民族文化的物化反映。今天，我国民族文化遗产的知识和习俗在迅速消逝之中，少数民族传统文化面临着严峻的挑战与危机，包括少数民族文化在内的中华民族文化多样性的保护迫在眉睫。因此，保护民族文化遗产逐渐成为社会共识，也成为我国当前刻不容缓的文化战略。保护民族文化同保护我们赖以生存的环境一样，应该受到更加广泛的关注。在民族文化遗产保护的行动中，民族博物馆不可替代的作用得到普遍重视。

“人类历史上存在过成百上千种文明形态和文化类型。正是它们融合、演变、发展形成今日世界的文化面貌”。今天“人类是多种族、多民族的。按文化可分为约 2070 个民族，按语言则可分为约 3500 个民族”[②]。这些民族分布在 200 多个国家和地区，绝大多数国家由多民族组成。全世界共有 6000 多种语言和几千种生活模式，亦即自成体系的文化。19 世纪 40 年代，在欧洲开始出现了诸如“巴黎民族学会”这样的人类学专业机构，与其他的学科不同，从很早

① 此文刊登于 2013 年 7 月 5 日《中国民族报》，第 11 页。
② 段勇：《多元文化：博物馆的起点与归宿》，载《中国博物馆》，2008（3），5 页。

开始，这些人类学的机构就致力于创建自己的标本室、陈列室或博物馆，用于陈列他们从世界各地收集来的标本、文物等实物资料。

可以认为，这些由人类学专业机构创建的标本室、陈列室或博物馆，即是最早的民族博物馆的雏形。但是，真正现代意义的民族博物馆的出现则是在 19 世纪 70 年代以后，首先在欧美国家建立了一批民族博物馆，例如德国柏林世界民族博物馆，将其在殖民地和附属国收集、掠夺来的民族文物进行展出，民族博物馆正式成为西方博物馆的形式之一。这些民族博物馆所收藏文物中的大部分来自人类学家田野调查的收集，而拥有博物馆，也成为了人类学区别于社会学等其他学科的一个重要标志。在西方，许多早期的人类学家的研究和工作都与博物馆有着紧密的联系[①]。

20 世纪初，随着民族学理论的传播与学术实践，民族学作为一个独立的学科在我国逐步得以确立。20 世纪 30 年代民族学、民族学博物馆机构的建立和人才培养，产生了一批中国早期著名的民族学家和民族博物馆事业的先行者。他们在致力于中国民族学学科建设的同时，自觉地将建立中国民族学博物馆作为自己的理想和使命，将民族文物、民族学标本的搜集作为自己民族学田野调查和学术研究工作的一部分，通过民族文物、民族学标本的征集、相关影像拍摄与陈列展示，开始了早期民族博物馆的藏品征集与展览工作。

1928 年中央研究院成立之后，民族学家和人类学家开始进入少数民族地区进行田野调查研究，系统地收集民族文物标本。身兼中央研究院院长和中央研究院社会科学研究所民族学组主任的蔡元培先生，认为民族博物馆既可以供给民族学研究的资料，又可以表现

① 杨明刚：《新时期人类学参与下的民族博物馆建设》，载《中国民族博物馆研究》，2011（1），13 页。

每一个民族文化与“发扬民族精神”，故提出建立中国民族学博物馆的建议，“标本之采集为民族学组重要工作之一。因标本不但可供组内职员之研究，将来搜集既多，便可成立民族学博物馆，以供外界人士之参观，而为社会教育之助也”，并将苗、瑶等民族的调查和筹建民族学博物馆作为民族学组的主要任务。

1932 年，美国学者 D.C. 葛维汉（D.C.Graham）博士被派往成都，担任华西协和大学博物馆馆长。在他的主持下，注意开展考古学、民族学田野调查和文物标本搜集，所获文物和民族学器物标本逐渐增加，并且更为科学系统。至 1936 年，该馆已经搜集藏族、苗族、羌族、彝族等民族文物 3400 多件，观众年均 8000 人。1933 年中央博物馆成立之后，与中央研究院合作先后进行了五次重要的调查和民族文物征集，对四川、贵州、云南、海南等民族地区进行调查，收集了大量的民族文物。这些文物的征集、收藏成为我国民族博物馆和民族文物事业发展的重要基础。

此外，20 世纪 30 年代杨成志先生在滇川交界的彝族地区进行调查，收集了一批彝族及其他民族文物，并成立中山大学考古文物工作室。1940 年 12 月，北京辅仁大学成立东方人类学博物馆。主要研究对象为“远东各民族及其相互关系”。1941 年，吴泽霖先生主持建立“苗夷文物陈列室”，并于贵阳先后举办了三次民族文物展览。当时，尽管专业性民族学博物馆场所、机构和人员还不多，展览形式、展示手法以及学科理论还存在初创时的局限性，但是，民族学博物馆作为教育和科研机构的地位，以及服务于社会和社会进步的目标价值，逐渐得以确立。

杨成志对欧美博物馆进行考察、学习、研究的深度和广度在当时是少见的，他在《我对于博物馆的兴趣谈》一文中说：“前后两次出国环游全球，在各国各地参观过各科别和各类型的博物馆数至三千所。”因此他对博物馆的功能有着正确而超前的认识，多次倡导建立民族博物馆。他认为人类学的研究若脱离了博物馆便等于缺了实验室一样。1956 年杨成志先生作为“中国民族博物馆十二年远景规划”召集人和执笔人，提出在首都设中央民族博物馆，五个自治区设区博物馆，自治区设州博物馆，中央民族学院暨地方民族学院，设展览馆、文物馆。这些规划，有力地促进了民族博物馆工作的进行，为后来民族博物馆的发展打下了很好的基础。①

中华人民共和国成立初期民族博物馆发展以民族文物展览拉开帷幕。1949 年 11 月，由民族学家吴泽霖先生主持，清华大学在北京艺术专科学校举办了台湾、西藏、西南少数民族文物展。该展览成为中华人民共和国成立后第一个民族文物展览。1950 年 10 月，“中国少数民族文物展览”在北京开幕。四川、贵州、湖南、湖北等省也相继举办了有关少数民族展览。在北京故宫举办了“全国少数民族文物图片展览”。展览闭幕不久，中央民族事务委员会正式组建中央民族博物馆筹备处。1950 年 10 月，以“中央民族博物馆筹备处”名义印发了《对于国内各兄弟民族文物的搜集范围》手册。

这一期间，以费孝通先生为代表的学术界专家积极建言献策，提议修建包括汉族在内的全国性的、综合性的民族博物馆。1958 年 8 月，北戴河会议决定将民族文化宫列入“国庆十大建筑”之一，国务院下发《关于征集民族文化宫所需展品和图书的通知》。1959 年 10 月，民族文化宫落成典礼暨《十年来民族工作展览》开幕式隆重举行。从 20 世纪 50 年代后期，内蒙古自治区博物馆（1957 年）、云南省博物馆（1958 年）、贵州省博物馆（1958 年）、甘肃省博物

① 唐兰冬：《杨成志与民族博物馆》，载《中国民族博物馆研究》，2011（1），76 页。

馆（1959 年）的建立；到 20 世纪 60 年代前期，新疆维吾尔自治区博物馆（1962 年）、四川省博物馆（1965 年）等边疆民族地区博物馆的相继落成开放。至 1959 年，除青海、西藏两地外，全国各省、市、自治区都有了博物馆。

民族文化宫

在民族文物征集保护方面。20 世纪 50–60 年代，全国大规模的民族识别工作及少数民族社会历史调查的开展，极大地推动了民族文物征集工作。例如结合少数民族社会历史调查和民族识别工作，派往各民族地区的慰问团、访问团和调查组，收集了大量价值很高的民族文物。仅 1949 年至 1966 年的 17 年中就收集了 40 多个民族的文物 23000 多件，照片 10000 多幅。这些民族文物资料成为了中央民族大学民族博物馆的基础藏品。有些少数民族由于历史原因，没有本民族的文字或关于本民族历史的文字记载，在这种情况下该民族的历史文化遗迹和遗物，就成为研究该民族唯一可依据的材料，具有特别重要的价值。

同时，一些省和自治区也开展了民族文物征集工作。例如云南省在1954年组织三个工作组分赴滇西、滇南等地区进行民族文物征集。1962年，又组织了五个调查组分赴哀牢山区、红河、德宏、西双版纳、大理等地进行民族文物的征集。1955年，黑龙江省派出工作组赴省内各少数民族聚居区，进行民族文物调查征集。1957年，湖南省派出工作组赴省境内西、南边远民族地区征集文物。大量民族文物经过征集、保护、研究而得以进入博物馆。这些民族文物从不同侧面反映一个民族的社会发展、社会生产和社会生活，是研究民族历史，特别是研究少数民族文化发展的实物资料。

民族博物馆是我国博物馆大家庭的重要成员，作为抢救、征集、收藏、保护、研究和展示民族文化遗产的场所，民族博物馆越来越受到国家和地方各级政府的重视。吴泽霖先生在20世纪80年代对于民族博物馆的表述是"民族博物馆在今天的中国指的是有关中国少数民族的一种专业性博物馆。"我国民族博物馆事业的生成与发展得益于民族学与博物馆学共同的努力[①]。改革开放以来，民族博物馆在数量和规模方面都有了显著增长和提高，至今已有约200座。其中新建西藏博物馆、青海省博物馆等省级博物馆；云南省民族博物馆、广西壮族自治区民族博物馆、海南省民族博物馆、黑龙江省民族博物馆，以及宁夏回族自治区固原博物馆等博物馆陆续建设。

目前，我国有20余个少数民族已经拥有自己的博物馆。少数民族聚居的西部12个省区，拥有500余座博物馆。30个民族自治州，大部分都建有民族博物馆，例如吉林省延边朝鲜族博物馆、青海省海南藏族自治州民族博物馆、湖南省湘西土家族苗族自治州博物馆、四川省凉山彝族奴隶制社会博物馆、贵州省黔东南州民族博

① 雍继荣：《中国大陆民族博物馆事业的历史发展》，载《中国博物馆》，2006(2)，19页。

物馆、云南省大理白族自治州民族博物馆等。近年来，又出现了一批独具特色的市县级民族博物馆，例如黑龙江省同江赫哲族博物馆、内蒙古鄂伦春民族博物馆、辽宁省岫岩满族博物馆、广西靖西壮族博物馆、四川省茂县羌族博物馆、云南省丽江纳西族博物馆等。

四川茂县羌族博物馆奠基大会

1998年，我国第一个专门介绍和展现鄂温克民族经济、文化、生活发展历史的博物馆开馆。2009年12月，全国首家乡镇一级，以展现鄂伦春文化为主题的博物馆，在内蒙古扎兰屯市南木鄂伦春民族乡开馆[1]。此外，许多民族乡镇也建立了文物陈列室。生态博物馆的设立，使民族博物馆在保护民族文化遗产、展示优秀民族文化方面的功能更加显著，生态博物馆理念与传统的文化遗产保护和博物馆建设理念的本质区别是，生态博物馆强调在文化的原生地保护文化遗产，并且由当地民众自主管理和保护文化遗产，从而使文化

① 贺勇：《扎兰屯鄂伦春民俗博物馆开馆》，载《人民日报》（海外版），2009-12-10（4）。

遗产的原生环境与文化遗产得到一体保护。

上述民族博物馆和相关保护机构的建设，通过开展一系列的普查、征集和保护工作，一大批珍贵的民族文物得到抢救保护，馆藏民族文物数量不断增加。例如 1986 年 10 月开馆的海南省民族博物馆和 1988 年建成开放的黑龙江民族博物馆征集收藏的民族文物均已超过 10000 余件；1995 年建成的云南省民族博物馆现有云南 26 个民族的各类文物 38000 余件；中国民族博物馆筹备 20 多年来，从未停止过开展业务工作，已经征集收藏各民族文物 4000 余件。另外，成立于 1959 年的民族文化宫博物馆，几十年来通过开展田野调查，不断地接受捐赠、调拨和征集，收藏了近 50000 件各民族文物精品。但是，民族文化宫在功能上偏重于展览。

高等院校的民族博物馆在民族文物保护、研究和展览方面发挥重要作用。1951 年中央民族学院文物研究室、1952 年西南民族学院民族文物馆、1953 年中南民族学院中南少数民族文物陈列室相继创办，直接为科研和教学服务。这 3 个民族院校的民族文物研究与陈列机构，是我国在 20 世纪 50 年代最先建立起来的具有民族博物馆性质的机构。20 世纪 80 年代以后，高等院校的民族博物馆相继实施改建和扩建，1981 年 10 月，云南民族学院民族博物馆落成对外开放；1986 年，中南民族大学民族学博物馆在原有的中南少数民族文物陈列室基础上建成，馆藏民族文物 1 万余件，基本陈列包括《中国民族服饰造型艺术展》《土家族民俗展》《南方少数民族工艺展》《海南黎族传统文化展》等。

1988 年 9 月，中央民族学院在原有的文物研究室基础上，正式成立了中央民族学院民族博物馆，现已收藏我国 56 个民族文物 20000 余件，基本陈列《中华民族传统文化展》，包括北方民族服饰文化、南方民族服饰文化、生活文化、宗教文化等 4 个主题；1992 年，西南民族大学博物馆在原有的民族文物馆基础上正式成立，馆藏有反映四川、云南、贵州、西藏、湖南、黑龙江等省区 30 多个少数民族历史、社会制度、生产、生活、艺术、宗教、文字、服饰等民族文物 1 万余件，主要为本校教学服务，并向社会开放。此外，还有西北民族大学博物馆、云南大学人类学博物馆等高等院校民族博物馆建成，并开展文物保护、陈列展览和科学研究工作。

博物馆文物藏品是博物馆工作的重要信息资源，是全面反映人类和人类生存环境的现状及发展的证据。我国各级民族博物馆等文物收藏机构，目前保存有各民族文物数十万件（套），内容涉及我国各民族的生产工具、生活用品、宗教用品、工艺美术、礼器乐器、钱币印玺、文书封诰、服装服饰、文字古籍等；这些民族文物产生于不同的历史时期，是各民族不同时代社会生产、社会制度、社会生活的真实反映。此外，民族博物馆还收藏有大量直接反映各民族语言文字、文学艺术、节日庆典、婚姻家庭、宗教仪式等相关录音、录像、照片和文字描述资料等[①]。

长期以来，云南民族博物馆重视民族文化遗产的调查、抢救和征集工作。经过近 20 年的努力，至今已征集到各类民族文物 38000 多件套件，内容包括了云南各民族不同的生产工具、不同质地和不同工艺的服装服饰、各式各样的生活器具、各类餐饮用具、各类节庆道具、各种传统手工艺品、各式运输工具、各民族文献古籍等各类民族民俗文物。各地民族博物馆的文物库房和陈列展厅是保护民族文物的重要设施，但是从目前的情况来看，很多馆藏民族文物的保护条件存在着一些突出问题。因此，应注重提升民族博物馆文物

① 杨正权：《民族民俗文物的流失与保护》，载《贵州文化遗产》，2011（1），70 页。

保存环境，使珍贵的民族文物得到更好的保护。

云南云南民族博物馆陈列展览

民族文物是各民族优秀传统文化的重要组成部分，同样也是博物馆挖掘、整理、收藏和保护对象。民族博物馆征集珍贵的民族文物，在整理研究的基础上举办陈列展览的目的，不仅是为了研究和反映本地区各民族的过去和现在的经济、政治、文化、社会，以及日常生活情况，而且是为了尽最大努力，最大限度地将该地区各民族的生活方式、物质文化和精神文化状况，通过博物馆的宣传功能，全面如实地反映出来，为当代和后代人们的物质和精神文化生活提供服务。同时，也使人们进一步认识不同民族的不同文化形态和类型，有利于解决现实生活中存在的一些实际问题。

我国民族文物陈列展览主要有民族博物馆和民族文物展厅等类

型。民族博物馆是以该地域内所有民族或某一民族为对象，收藏、研究和展示民族文物的专题博物馆。民族文物展厅则往往以综合类博物馆的部分展厅或特别展览的形式存在，借助民族文物及相关资料，以一定的主题对某一民族，或某些民族的传统文化进行诠释，以达到一定的展示目的，兼具教育和宣传的性质。同时，民族博物馆应该突破原有馆舍天地的桎梏，运用开放的眼光，放眼整个社区，对民族文物、生活生产工具、各类非物质文化遗产进行收集和保护，博物馆不仅仅固守于一个特定划分的空间，而将整个地区都变为博物馆文化传播的领域。

民族文物陈列不应简单沿袭以文物类型为序列的方式，而应采用更加符合民族文物特性的陈列展览方式。例如由于不同地区的民族文化差异较大，因此可以采取以地区为单元来展示民族文化的形式，揭示本地区民族文化与其他地区民族文化的异同；由于每一个民族就是一个完整的文化体系，因此可以采取以族群为脉络来展示民族文化的形式，清晰地将族群特色展示出来；由于不同民族在某些方面与其他民族有着共通之处，因此可以基于这种共通性，按照文化主题来进行陈列展览。同时，少数民族生活生产中的各类用具，凝结了历史智慧和劳动情感，如果简单以器物、年代等进行分类陈列展示，离开了其存在的物质条件和精神支持，它们终将失去其活的灵魂。

博物馆是一个国家、一个地区、一个民族历史文化的缩影和窗口，而以民族文化为主题的博物馆是多民族国家必不可少的文化设施。随着人们对保护和弘扬少数民族文化意识的增强，民族文化遗产这一民族文化的载体也受到了越来越多的重视，同时民众对于民族文物的兴趣自然也越来越浓厚。当前，我国博物馆事业进入了一个前所未有的发展时期，其中各类民族博物馆达到400余家，在数量方面具备了一定的规模。但是，民族博物馆的数量增长状况，不仅与我国多民族国家的基本国情不相适应，而且与我国日益增长的国际地位也不相适应。

我国有55个少数民族，目前近半数没有自己民族的博物馆，要到达每一个民族都有一座以上博物馆的期望，还有很长的路要走。例如云南地区有布朗族、普米族、德昂族、阿昌族、怒族、基诺族、独龙族等7个人口较少民族。云南全省共有各级各类博物馆105个，其中民族博物馆12个，但是仍然没有一个人口较少民族博物馆。为此，在2006年，全国政协十届四次会议上，笔者提出《关于实现每一个少数民族拥有一座以上民族、民俗博物馆的提案》，建议国家财政支持民族博物馆的建设，特别是加大对尚未建立起民族博物馆的民族地区的扶持力度，在项目、资金等方面统筹规划，给予倾斜性的支持。

当今世界，越来越多的国家开始拥有国家级的民族博物馆。首都北京作为全国政治、文化中心，尽管已有各类博物馆150余座，但是，至今却没有一座能够集中系统展示中华民族多彩文化的国家级民族博物馆。在北京建立一座国家级民族博物馆，对于收集整理我国民族文化遗产，全面反映数千年来，尤其是近代以来我国各民族同呼吸、共命运，为国家独立、民族复兴团结奋斗的历史轨迹，系统展示多元一体的中华民族文化风貌，增进相互了解，促进民族团结，凝聚各族民众力量，建设中华民族共有精神家园，将起到特殊的作用。

中国民族博物馆场馆建设工作虽然已经启动20多年，但是由于种种原因，至今未能立项建设。目前中国民族博物馆仍然是一家没有办公地点、没有展示场所的“挂牌”博物馆。令人感动的是，在长期没有馆舍的情况下，中国民族博物馆积极开展民族文物的抢救、征集工作；编辑出版和发表一系列有关民族学、博物馆学以及民族文化方面的论文、专著；举办有影响的民族文化活动，宣传民族政策、普及民族知识、弘扬民族文化，开展对外文化交流，民族文物展览数十次走出国门，交流国家不断增加，社会影响不断扩大。当前，建设一座现代化的中国民族博物馆的基础和条件已经具备，应抓紧立项建设。

民族文化遗产是各民族优秀传统文化产生、发展、演化的物证，是博物馆挖掘、整理、收藏、研究的对象，它们所承载和传递的是一个民族的生活方式、社会结构、人伦礼俗、智慧精髓等至关重要的文化信息。民族文化遗产历史悠久，丰富多彩，大多是研究民族历史、民族文化不可多得的珍贵“活化石”。民族文化遗产有许多自己的表现形式，例如富有民族特色的音乐舞蹈、口头文学、传统体育、婚恋习俗、礼仪庆典、民族工艺、生产技能、语言文字，以及特色服饰、房屋式样等。通过对民族文化遗产的深入研究，可以加深了解各民族文化演变发展的历史，加深了解中华民族的传统文化和多元一体格局的全貌。

民族文物是构成民族地区的文化资源，如果这些文化资源不断流失，民族文化就会成为空壳。传统文化加速消亡的结果，必然使民族文化所寄托的民族精神、民族情感、民族审美理想淡化与稀释，带来民族个性的变异和扭曲、民族特征的弱化和消亡，最终引起民族文化基因的改变。因此，急需对民族文物的常识进行广泛地宣传和普及，让民族文物的价值深入人心，从而使保存在民间的民族文物资源得到有效保护。博物馆固有的功能，在保护民族文化遗产方面，能够起到核心作用，因而应该积极地开展多方面的工作。随着民族文化遗产理念在民族博物馆的逐步深入和对其保护机制的逐步完善，民族博物馆的人才优势在对民族文化遗产保护中的作用将更加突出。

面对类型和数量如此庞大的民族文化遗产资源，仅仅运用博物馆自身的力量，对民族多样性文化进行保护显然不够。目前，民族博物馆汇集了大批具有历史学、考古学、民族学、博物馆学、民俗学、社会学、美学等相关学科知识和工作经验的专业人员。他们具有开展民族文化遗产保护工作所必需的正确理念和专业素养，并了解如何使用最先进的方法和技术来完成相关保护工作。其中一些专业人员本身就是某个民族的专家学者，熟悉本民族的语言，会使用本民族的文字，了解本民族的文化和生态环境，通过训练有素的田野调查、征集工作经验，容易与掌握民族文化遗产的当地民众进行有效沟通。

浙江宁波庆安会馆——浙东海事民俗博物馆

我国55个少数民族的文化是存在于各个民族地域、城市和乡村中的原生态文化，是中国文化的重要源头和根基，是民族精神和情感的重要载体。民族博物馆的建设，在增强民族自觉意识、保护民族特色、加强对民族文化的研究和整理等方面，发挥出难以替代的作用。建立民族博物馆，不仅仅在于为人类学、民族学、民俗学、社会学等科学研究提供“活标本”，更重要的是要有利于文化遗产的保护与传承，而且这些独具特色的民族文化遗产资源能够促进当地经济社会的发展，带动当地民族文化的传承与弘扬，使当地民众的现实生活得到改善。

“中国是世界上地域面积最辽阔、地形地貌最复杂的国家之一，风光无限，气象万千，导致各地气候物产与生活习性差异很大，《晏子春秋》所言‘百里而异习，千里而殊俗’，《汉书》所载‘百里不同风，千里不同俗’，至今仍是常用且恰当的俗语”[①]。茂县，高高的山，潺潺的水，哺育着中华民族大家庭中最古老民族的独特文明，这里正是羌族民众的美丽家园。羌族民众对生存环境的科学择取和科学利用充分体现了其尊崇自然的生活态度和民族智慧。他们似乎与周围的环境建立了某种契约，他们身上保留着中国最古老的生活智慧。羌族民居建筑是人与自然环境和谐相处的典范，同时也是羌族民众宇宙观、人生观和审美观的物化。

在茂县羌族博物馆的建筑设计中，注意汲取羌族建筑的美学精华，感受羌族独特的建筑图腾，凸显自然与建筑的对话，体现出羌族民众适应自然、利用自然的高度文明成就。设计采用了浓郁的民族建筑风格和地域特色，同时又着力于现代科技细腻内涵，充分显示出了民族传统、地域特色和时代精神的独特风格。同时，室外景

① 段勇：《多元文化：博物馆的起点与归宿》，载《中国博物馆》，2008（3），5页。

观设计以建筑群落与山水元素创造丰富的室外空间，为博物馆的室外活动开展创造了条件，使博物馆成为开放的公共城市空间。观众无需购票就可在博物馆的外部广场、内部庭院、中央大厅以及屋顶平台参与文化活动，使博物馆公共空间的设计不仅满足展出藏品的需求，也成为多功能的城市文化中心。

2002年，在我国举行的国际博物馆协会亚太地区第七届大会，形成并通过了《上海宪章》，它为联合国教科文组织和国际博物馆协会提供了一个框架性的工具，使单纯强调物质文化遗产资源，转向更加包容和关注作为有机整体的物质与非物质遗产两个方面。《上海宪章》特别强调，考虑博物馆作为一个全面的机构，一个为公众全方位参与而营造的空间，一个通过整体性遗产管理实现的物质和非物质、移动和不可移动、自然和文化的空间，在文化、社会、经济全球化步伐不断加快的当代世界，博物馆应当成为催化创造力的论坛。

面对丰富多彩的民族文化，在发掘、保护中应注意文化整体风貌的保存，在民族博物馆的民族文化遗产保护理念中，应始终将“整体保护”作为重要原则加以贯彻。要对民族文物进行科学展示，使之成为联结传统和现代、沟通民族之间心灵的媒介，首先必须对这些民族文物有科学而全面的认识，即重视博物馆藏品的研究。民族文物不同于一般文物，很多观众对其并不熟悉和了解。同时，由于民族文物联结着民族感情，因此更应该深入研究，避免出现错误，误导观众，甚至曲解民族文化，影响民族感情。这是民族文物和一般文物的不同之处。在民族文物的保护、研究和展示中，应注意与非物质文化遗产的保护和弘扬结合。

在我国，一些少数民族由于没有自己的文字，民族文物因而往往具备较主流文化文物更多意义的表达功能。例如苗族没有文字，苗族服饰是该民族无字文明的重要载体，是苗族文化的集中反映。作为民族文化载体，苗族服饰具有纪录文件、阐释观念、表达情感等功能，其内涵丰富深邃，涉及苗族宗族支系、图腾崇拜、社会结构、历史迁徙、巫术宗教、婚姻制度、节日文化、人生礼仪等领域。从民族博物馆的发展前景来看，民族文化遗产价值的深入挖掘，促进了民族博物馆的快速发展，特别是对非物质文化遗产保护的重视[①]。

民族文化的记录、整理、保存、传承，都必须配备相应的设施、设备和经过训练的专业人员。应该通过博物馆社会职能的发挥，建立起民族文化遗产的保护网络，形成全社会集体观念，共同关注民族文化遗产的安危，齐心协力做好保护工作，才能保障幸存的民族文化遗产受到真正意义上的保护，并得以世代传承。在这一方面，云南民族博物馆、广西民族博物馆等都成为了民族博物馆中的典范，其藏品数量、社会影响力、学术研究水平等方面，在我国民族博物馆中处于先进行列。

例如为了将云南民族博物馆建设成为云南少数民族影视图片资料中心，该馆建立了影视人类学工作室，汇集专业技术人员，不间断地开展影视人类学专题片和民族学图片资料的拍摄工作。在拍摄过程中，始终以民族学或人类学的理论和方法为指导，采用纪实性、系列性拍摄为主要手段，拍摄了一系列影视专题片，积累了一大批民间工艺和民俗技艺方面的图片资料。同时，在博物馆建立了艺术家工作室，艺术家走进博物馆进行创作，是云南民族博物馆的一个大胆尝试。到目前为止，已经有 20 余位云南知名的艺术家在博物馆

① 李黔滨：《关于对民族文物价值的认识》，载《中国博物馆》，2006（1），3 页。

建立工作室，倾心于各类民族艺术的创作，书法、绘画、雕塑等艺术门类齐全，在保护与传承民族文化遗产方面作出贡献。

近年来，在国家和自治区的支持下，广西壮族自治区东兴市建设了东兴京族博物馆暨京族生态博物馆。东兴京族博物馆于 2009 年 7 月开馆。作为我国人口较少民族发展项目之一，该馆同时也是一座以收藏、研究、保护和展示京族传统物质与非物质文化遗产为主的专题博物馆，馆内常设基本陈列“大海是故乡 -- 广西东兴京族文化展”，从居住环境、服饰文化、生产劳动、音乐艺术、传统节日和民间信仰等方面，通过实物、场景、图片、音像来全方位展现京族古朴而浓郁的文化，取得较好的效果。

广西防城港市京族非物质文化遗产展演

贵州、广西、内蒙古、云南民族生态博物馆群的出现，为西部地区博物馆的发展探索出了一条新的道路。其中贵州民族生态博物馆群是中国与挪威两国政府合作的成功范例。“生态博物馆是国际博物馆的一种新型博物馆，它与传统博物馆的根本区别在于文化遗产存在的方式不同。传统博物馆是把文化遗产的精品聚集在博物馆中保护与展示它，而新型的生态博物馆中的文化遗产则是生活在它的原生地之中，由它的文化主人保护它、享用它、展示它”。“这种新博物馆以生态博物馆为代表，不断地推向文化的原生地。它不是处于退潮之中，而是处于涨潮之中，它的影响和生命力正在上升之中”[①]。

“1+10 工程”是广西实施的重大文化遗产保护工程。所谓“1+10 工程”是指以广西壮族自治区民族博物馆为龙头，10 个各具特色的民族生态博物馆为支撑的博物馆联合体。在联合体中，广西民族博物馆发挥龙头和“总平台”的作用，为各个民族生态博物馆提供人力、物力、技术、设备等方面的支持。10 个生态博物馆则作为广西民族博物馆的长期工作站和民族文化研究基地，向其提供藏品和研究成果。该博物馆联合体将通过网络搭建起资源共享及展示宣传平台。事实上，云南省民族博物馆、海南省民族博物馆、黑龙江省民族博物馆、西藏自治区博物馆、新疆维吾尔自治区博物馆、内蒙古自治区博物馆等，都已经成为所在地区民族文化遗产的保护、研究和展示中心，在国内外都有相当知名度。

博物馆的民族文化遗产保护，不仅要派专人深入现场抢救保护，收藏与民族文化遗产有关的实物，记录相关文化现象与过程，还应定期举办有关民族文化遗产保护的展览，出版研究成果。博物馆能够借助有形、有趣、民众喜闻乐见、能互动参与的形式，来充

① 苏东海：《关于生态博物馆的一点思考》，载《中国文物报》，2010-12-01（8）。

分反映民族文化遗产的创造过程或传统技艺，充分挖掘其文化内涵，使原本枯燥乏味的知识生动起来，使原本高高在上的内容亲近熟悉起来，突破以往博物馆陈列中图片、实物加说明的简单模式，给民族博物馆陈列展览带来勃勃生机与活力，不仅要使观众看到“物”，更要透过“物”看到所承载的历史和文化。

有条件的民族博物馆，可以请一些文化遗产的传承人举办讲座，使更多的人了解保护民族文化遗产的重要性，提高全民保护民族文化遗产的自觉性。特别是民族地区的地县级综合性博物馆，除收集历史考古文物外，亟须加强地方民族文物的征集和陈列展览。既可以为地方史迹陈列展览提供丰富的实物资料，有助于充分吸引观众，发挥宣传地方文化的积极作用，又可以及时保护濒临消失的独具特色的民族文化遗产。应注重民族文化遗产传承展示与当地经济社会协调发展的良性互动，促进相关产业的发展，使民族文化遗产传承展示服务于人们精神和物质生活需求。

地扪是黎平县茅贡乡一个侗族村民聚居的村寨，在侗语中，“地扪”意为泉水涌出的地方。青山、竹林、田畴、小溪、花桥、鼓楼、农舍，一切都显得那么和谐与静谧。坐落于此的地扪侗族人文生态博物馆开馆于 2005 年 1 月。该博物馆由以地扪为中心的 15 个村、46 个自然寨组成，覆盖人口 15000 余人，地理面积 172 公里，核心文化保护区包括地扪、腊洞、登岑 3 个侗族村寨，博物馆设有社区文化研究中心和信息资料中心。地扪博物馆建立的宗旨是促进地方文化保护、传承，推动社区经济的发展，其职能是如实记录当地社区居民的昨天和正在变化着的今天，设法帮助当地居民增加收入，改善生活。

这方土地上侗族乡民传统的人生哲学、生产生活方式、生存状态、民风民情、交往礼仪、民族性格等，都是博物馆的组成部分。地方人文资源如语言、服饰、建筑、歌舞、戏剧、风俗、宗教等民俗活态文化，以及当地人们平凡的每一天的劳作和生活，他们喜怒哀乐、婚丧嫁娶，他们的科学与迷信、火塘与腌鱼，都是博物馆活生生的“展品”。不刻意保护是最好的保护，而时下一些所谓保护成了人为干预，特别是在开发旅游经济的名目下，当地原生态的自然和人文景观逐渐遭到破坏，被改变、消失，世世代代的土著居民原本和谐宁静的生活也被打破。地扪则不走这样的路子，他们让当地民众成为博物馆的真正主人，按照他们自己的愿望延续生活[①]。

在贵州黔东南苗族侗族自治州，有一座民办太阳鼓苗侗服饰博物馆，该博物馆除了展示苗族、侗族等少数民族服饰外，还全力传承苗绣技艺，这里的11名绣工和周边的300多名农村妇女，与博物馆一起构成了一个富有生命力的苗绣传承基地。保护传承的苗绣技艺包括雷山苗绣、花溪苗绣和剑河苗绣。保护传承苗绣技艺，最好的办法是让苗家姑娘重拾绣花针。该馆聘请许多技艺高超的老师傅，一方面通过招收学员的方式传授苗绣技艺，另一方面通过连接市场供需，使更多掌握苗绣技艺的当地民众能够以此为生，并得以不断改善生活水平[②]。

从博物馆的公共属性来看，普通民众对于当地建什么性质的博物馆，建多大规模的博物馆，博物馆建在何处等，拥有知情权、参与权、监督权和受益权。博物馆不应只是具有历史、艺术、科学价值的文物藏品的栖息地，而应成为满足不同文化层次、不同经济状况、不同职业、不同年龄人群共同爱好与追求，展示人类活动、自

① 龙炘成：《地扪的悠然时光》，载《贵州文化遗产》，2011（1），62页。
② 石新荣：《民间博物馆成为苗绣传承基地》，载《中国文化报》，2011-01-04（5）。

然生态、地区发展、行业特色的文化场所。充分认识当地民众，特别是少数民族群体的地域感和文化认同感，帮助他们保障社会福祉和提升生活质量都至关重要。

民俗文化遗产保护、传承与民俗博物馆建设[①]

（2013 年 7 月 15 日）

当今世界的全球经济一体化发展，使不计其数的民俗文化遗产正面临着消失的危险，并受到文化标准化、武力冲突、旅游业、工业化、农业区缩减、移民和环境恶化的影响。《乡土建筑遗产宪章》强调“应该尊重建筑的结构、性格和形式的完整性。在乡土形式不间断地连续使用的地方，存在于社会中的道德准则可以作为干预的手段”，显然这是一种人性化的保护观念。“农村无论怎样现代化也不应异化为城市，农村就是农村”[②]。

陈志华先生认为，农村生活是在村落中进行的，乡土建筑主要存在方式是形成聚落，聚落是一个有机体，它的内部结构和周围环境的关系都是系统性的，只有完整的村落和周边环境才能包容丰富多彩的乡土文化的各个方面。因此，说到乡土建筑，应该是以完整的乡土聚落和周边环境为单位，而完整的乡土聚落，则是乡土文化研究的容器[③]。所有建筑的功能，都在文化中演绎，文化的信息附着在建筑之上，定义建筑的功能必须与社会历史、民俗文化相关联。

过去，囿于各种原因，对深藏于乡村民间的民俗文化遗产采取轻视或蔑视的态度，或视它们为一种粗俗的、幼稚的、不登大雅之

① 此文发表于《民俗研究》2013 年第 4 期，第 80 页。
② 苏东海：《新农村·农村文化·生态博物馆》，载《中国文物报》，2006-11-17。
③ 穆森：《乡土建筑保护：黎明前的曙光》，载《中国文化报》，2010-07-07（5）。

堂的文化，或认为是一种小农经济的思想文化，一种浸透着封建主义的迷信文化。直到今天，还有人认为它们是落后思想形态的产物，是老祖宗留下的失去活力的遗物。随着经济社会的飞速发展，人们的生产生活方式和文化传播方式发展了很大的变化，各种新的文化产品层出不穷，一些古老的民间艺术不再被人欣赏，有的传统习俗在慢慢消失，民俗文化遗产处于不断消失中，依靠人们的发现和收藏而存世。

对于民俗文化遗产的重新拾起，在民众的情感价值之上更体现出一种具有历史责任感的人文精神。这些细碎的、平庸的，而历经沧桑的文化遗存，却往往使记忆拥有更为充实而丰富的细节。民俗文化遗产的保护必须注重原汁原味，切不可进行过度商业包装。不同的文化形态，都有自己特殊的生存，生长环境，如果被硬生生圈养在狭小的舞台里，仅供人们消遣娱乐，实际上已经失去了它的原生态价值，这就不是在保护民俗文化遗产，而恰恰是割裂它的生存血脉。实际上，保护民俗文化遗产，其实是一种尊重，对于民俗文化脉络与特色的尊重，也是对生活在乡村中的人们的尊重。

每一个地区都有自己独特的文化传统，文化遗产在某种意义上是文化传统的全部积淀，也是解释文化身份、显示文化个性的依据。其中民俗文化遗产，体现出这一地区长期以来所形成的共同心理、意识形态、生产方式和生活习俗等方面特点，既是传统文化的载体，又是地域文化的象征，极富独特精神价值。不同地区的民众创造了绚丽多姿的民俗文化，然而经济全球化进程的加快，使强势文化对弱势文化的侵吞逐步加剧，保护民俗文化，捍卫地域文化的独立，维护文化的多样性，成为当前面临的一个重大课题。因此，民俗文化遗产保护的提出，对于博物馆的建设与发展，也产生了新的机遇

甘肃天水民俗博物馆

与挑战。

我国丰富多彩的民俗文化遗产，蕴含民族精神气韵、孕育民族性格气质、培养民族审美习惯，在民俗层面体现出传统文化中许多闪光的伦理精神，滋润着炎黄子孙的生活，陶冶着中华儿女的情操。这些民俗文化遗产所展示的仁爱、正义、和谐、节制、美善、忠孝、睿智、诚信 等理念，是协调人与自然关系、维护良好社会环境、保持崇高道德情操的宝贵人文资源。这种精神品格和精神力量已经融入社会精神之中，大量地、鲜活地藏匿于民间，埋藏在普通民众的心灵深处。民俗文化遗产来源于世世代代传承至今的生活实践，凝聚着祖先对事物本质与规律的认识和实践经验，蕴涵着大量尚待挖掘和破解的历史文化信息，是极具历史价值的精神文化宝库。

有关“人文资源”的概念是费孝通先生晚年思想中的一个重要组成部分，与其所提出的“文化自觉”的思想一样，值得人们关注。2001年开始，历经7年时间，课题完成后的总报告书的题目为《从遗产到资源--西部人文资源研究》，其中所提出的“从遗产到资源”这一理论，是费孝通先生有关“人文资源”思想的进一步理解与深化。“从遗产到资源”的核心观点就是对珍贵的民俗文化遗产不仅要保护，还应该在其基础上进行创新，将其变成新的文化的一部分，新的社会机体的一部分，使其融化在民族的血液中，不断循环和更新。也就是说创新也是一种保护，是一种更深刻的保护。

费孝通先生曾经把传统文化比喻成种子，比喻成基因，并认为一个民族文化的发展和创造与这种健康的基因和种子密切相关。一颗种子不管它多强壮，如果我们不给它营养，不给它养分，它就没有生命。只有给它养分，阳光雨露，它才会有生命，它才会蓬勃生长。如果要它继续存活，它就必须发扬光大，就必须参与文化创新，就不能仅仅把它看成是遗产，而是要把它看成是资源。而民众有时比我们更知道，他们应该如何生活，如何创造新的文化。这就是为什么费孝通先生总是强调，做学问不要从书本到书本，而是要到生活中去看，到社会中去学习[①]。

社会调查是应用社会学的理论与方法，对某一特征的社区性质、状况、结构、功能、问题及变迁所进行的实地调查和理论分析。在我国社会学史上，社会调查也称为社区分析，是社会研究的具体化。费孝通先生指出：“我们的社区研究，在方法上是从英国的社会人类学的实地调查发展起来的”。在研究方法上采用“田野作业”法，注重实地考察，切身体验，直接去和实际社区生活发生接触。

① 方李莉：《创新也是一种保护方式》，载《人民政协报》，2010-11-08（C1）。

费孝通先生认为以全盘社会结构的格式，作为研究对象，这对象并不能是概然性的，必须是具体的社区。因为联系着各个社会制度的是人们的生活，人们的生活有时空的坐落，这就是社区，每一个社区有它一套社会结构，各制度配合的方式。因之，现代社会学的一个趋势就是社区研究。

农村社区作为中国社会的一个基本组织单位和基本研究单位，引起社会学、人类学学者们的普遍关注和高度重视。费孝通先生的《江村经济》是最为经典的“社区研究”之作，开辟了人类学研究当代文明社会的先河。自 1957 年开始，费孝通先生对“江村”社区进行跟踪研究，20 多次深入社区，发表了《重访江村》、《三访江村》、《九访江村》、《江村五十年》等论文，研究江村社区持续 60 年之久。如今，尽管城市社区研究广泛开展，论文、专著成果丰甚，但是，尚未取得实质性、突破性研究进展，有待于社区研究的不断深化和开拓创新[①]。

根据我国国情，社区的基本含义包括以下几个特点：必须有以一定的社会关系为基础组织起来的、并有一定数量规模的进行共同生活的人口；有一定的人们从事社会活动的地域条件，即一定的地理位置、地势、资源、气候、交通条件等；有一整套相对完备的、可以满足社区成员物质需要和精神需要的社会生活服务设施，例如商业、服务业、文化、教育等设施；有自己特有的文化制度、价值观念、风俗习惯和生活方式；有社区居民在情感、心理上具有共同的地域观念、乡土观念和认同感、归属感；有一套相互配合的适合社区生活的制度与相应的管理机构。

我国台湾从 1966 年起提出社区博物馆的概念，台湾博物馆学

① 冯月根：《费孝通与中国社区研究》，载《学术家园》，2010-10-11（C1）。

家汉宝德教授在《生活化的博物馆》一文中指出："如果你一定要为社区博物馆下定义，它是一种迷你型的地方史博物馆，好像地方志一样，生动严肃地表达出地区的发展过程，影响地区发展的人与物。它有助于我们了解过去、现在与未来，使我们更能了解生活的意义，选择自己的生活方式。"社区博物馆展览可以从某一展品对社区成员生活的影响这一角度来说明该展品的经济社会含义。社区博物馆的展览可以在中心地区进行，也可以在各处同时进行。有时一些家庭会在自己家的草坪上或门廊里举办展览。也欣赏别人的作品，回忆久违的往事，重新确认自己的价值观，不知不觉中给社区团结精神注入了生命力和活力。

烈屿（小金门）文化馆

社会文化与自然生态相互作用、相互影响，共同构成一个独特的文化动态的有机整体，称之为文化生态系统。所谓整体性保护，就是将民俗文化遗产所涉及的重要的人、物及环境一同保护起来的方式。这种方式可以吸收记录式保护、实物收集和保存等方式的特点，还可以对民俗文化遗产的项目，以及相关的人群和社区，他们重要的活动和相关场所，乃至所生活的文化环境、自然环境，进行全面保护。如果不能从整体上对民俗文化遗产加以关注并进行综合保护，如果仅仅以个别“代表作”的形式对已经认证的文化片段进行保护，那就可能在保护个别文化片段的同时，漠视、忽略、遗弃或者伤害更多未被保护的民俗文化遗产。

民俗文化遗产非常重要的特点就在于它们与生活不可分割的关系。一旦人们将这些保护对象割裂和孤立地保护起来的时候，实际上就是破坏了这个被保护的事物。民俗文化遗产价值的所有方面都应得到关注，不能以牺牲其他价值为代价毫无根据地强调其中任何一种价值。民俗文化遗产传承的独特性在于具有文化独特的传承土壤。文化土壤不可移植、不能复制、不会再生。保护民俗文化遗产，不仅要对遗产记录、收藏、保管、利用、研究，还需要保护传承人、传承形式和过程，这样，民俗文化遗产才可能完整的得到保护。

吴良镛先生指出“城市与乡村的融汇。中国传统城市与乡村是一体的，农村与城市的发展互相推动，紧密联系，和谐前行。王希孟的《千里江山图》中，那些大大小小的城市、村落与山川湖泊等，融为一体，对我们尤有启发”。文化土壤是民俗文化遗产传承的根基，它为民俗文化遗产的繁衍提供基因和养分。每一种民俗文化遗产都是在独特的文化土壤中发生、发展、演变和创新。各地域民俗文化遗产传承的独特性，归根到底是文化土壤的独特性。

民俗文化遗产保护工作很重要的一个原则，就是文化资源要共享。共享有利于文化遗产的保护和发展，又可避免珍贵的文化资源浪费。民俗文化遗产就在人们的生活之中，保护应该从每一个人做起。民俗文化遗产的许多内容与社会民众密切相关。同时，要体现以人为本的原则，要反对人为地、被动地让人们参与，保护要使人们乐在其中。社会公众参与保护的程度，从根本上决定着民俗文化遗产的未来命运。民俗文化遗产在民众土壤上呈现出旺盛的生命状态，是保护的最高境界。

世界上一些自觉实施民俗文化遗产保护时间较长的国家，都把唤起民众的广泛参与，作为实施保护的一项重要内容。目前，平凡的民俗文化遗产逐渐淡出民众的日常视野，并有加速消亡的趋势。在广大乡村，很少开展有参与性的本土文化教育活动，致使不少乡村民众不懂得自家拥有的传统民居的文化意义，以及在文化旅游中的重要意义，于是模仿城市生活方式，将传统民居改建成为时髦的洋式房屋，或其他样式的水泥建筑。同时，不少开展旅游接待的社区，民居装修滥用瓷砖、水泥等现代建筑材料，模仿城市建筑模式而逐渐失去传统特色和地域风格。

日本白川乡合掌村的“合掌造法”，1995 年被联合国教科文组织列为世界文化遗产。所谓“合掌造法”，是指在屋梁上用木材撑起屋顶，犹如两手合掌，倾斜陡峭的茅草屋顶就是这种建筑的最大特征。合掌造民居往往分三层，第一层用来居住，其他用来养蚕或者用作储藏室。现在合掌村里还保留有合掌造民居 113 栋，目前有 600 多人生活在里面。合掌造民居的茅草屋顶最多 30–40 年就需要更换一次，每年村庄里会有 3–4 处需要更换屋顶茅草。届时邻里们都会自发地组织起来，最多一次有 200 多人同时参与，互帮互助，两天时间就可以完成。白川乡民众乐于安居田园，生活在童话里，世世代代用这样的方式续写着生命的顽强、执著与智慧，日子平淡而温馨，不会因时间而改变[①]。

徽州既是文化地理概念，也是独立的民俗文化单元，而不是一个现时的行政区概念。历史上的徽州府“一府六县”，即歙县、黟县、休宁、婺源、祁门、绩溪，是徽州文化孕育发展的主要空间。这一区域曾经达到高度繁荣和辉煌文化，无论在思想、经济、政治领域，还是文化艺术的各个方面，都有突出的特点和很高的成就，在中国历史上曾经占有重要的地位和产生过重大的影响。近年来，黄山市整修扩建了陶行知纪念馆、戴震纪念馆、程大位珠算纪念馆，建成了“徽州三雕”博物馆、明清古民居建筑博物馆、徽商博物馆、黄山茶叶博物馆等博物馆设施，挖掘、整理、编排了100多个具有鲜明地方特色的戏曲和民俗节目。

徽州文化博物馆是一座展示以古徽州“一府六县”为中心的徽文化为主题的民俗文化博物馆，以徽州文化为基本内容、徽州地理山水为背景、徽州建筑风格为基调的多功能综合建筑与徽派园林景观，从文化地理学的角度来反映地方文化，从文化地理学的概念来建立博物馆的主题内容。2009年10月，安徽中国黄梅戏博物馆在安庆市开馆。博物馆以大量图片及实物客观地反映了黄梅戏初创时期的演变情况，较为系统地介绍了安庆民间仍流传至今的高腔、文南词、桐城歌、弹腔、曲子戏等曾给黄梅戏以丰富滋养的原生态艺术形式，并且用16毫米老式放映机放映原版《天仙配》等黄梅戏老电影[②]。

黄山市前身为古徽州，是徽文化的发祥地，历史源远流长，素有“文物之海”之称。全市1121个村落中，有古建筑13438幢，古

① 雨秦：《合掌村一瞥》，载《中国文化报》，2010-08-06（7）。
② 叶庆：《梨园奇葩 黄梅绽放》，载《人民日报》（海外版），2009-11-20（15）。

安徽中国徽州文化博物馆

祠堂、古民居、古牌坊、古桥梁等遍布全市各个乡镇村落。这些古村落的居住理念、村镇布局、外形意蕴等都蕴涵着丰富的历史、哲学、文学、宗教、艺术、民俗等文化内容，极具研究价值。徽州建筑不仅是徽文化的重要载体和徽商雄厚实力的象征，也是中国古建筑中独树一帜的乡土建筑，集建筑、书画和雕刻艺术的综合艺术，具有极高的科学、历史和审美价值。

近年来，按照徽州古村落、古民居建筑保护总体规划，重点选取目前保存比较完好的古村落，以及大量具有历史、艺术、科学价值和代表性的徽州古民居，明确保护主题、要素和范围，提出保护整治的具体措施，编制古村落保护规划。通过整体保护、集中保护、重点保护等多种模式，维修古建筑单体、防治虫害、治理古建筑周边环境等，抢救与保护原生态文化、民俗等非物质文化遗产，进行综合整治保护和合理利用。重点针对村落周边人文和自然生态环境，特别是对古村落的“水口”环境进行保护和整治①。

水集二村位于胶东半岛的腹地。当地村民富裕起来以后，过去用过的犁、耙、锨等农具长期堆在杂物间，许多人提出应该进行清理丢弃，但是村领导认为这些都是过去父老乡亲们使用过的农具，虽然现在看上去这些扬场机、拖拉机、水车等旧农机具又破又旧，不能再使用，但是它们作为集体积累，记录着过去的奋斗足迹。2003年，面对即将到来的城市改造，村委会研究决定建设一座民俗馆，陈列展示过去生产生活中使用过的农具、工具、用具，使年轻人有了解过去，老年人有回味往事的地方。

此后，民俗馆征集民俗文物的足迹遍及整个胶东。过去碾米的碾子、磨面的磨盘，被村民们丢在街头、田畴、沟边到处都是，民俗馆重新将这些带有浓郁胶东地域特色的民俗文物捡拾回来，日积月累，收藏的民俗文物已经达到6700多件，包括历朝历代的犁耙耢等农耕器具、各种木车等载运工具、纺织刺绣缝纫工具、各种手工和制造用品、红白喜事及祭祀用品、历代家庭生活日用品、联幛旌表柬帖契约等民俗文物，以及若干种类的铜铁木石器具。于是，村委会便将民俗馆定名为“胶东民俗文化博物馆”，陈列面积20000多平方米，成为一座村办大型民俗博物馆，吸引了来自各地的参观者，由于博物馆内藏品资源丰富，成为青岛科技大学、山东工艺美术学院等学校和研究机构的教学、科研基地②。

2008年7月，我国“福建土楼”被正式列入《世界遗产名录》。

① 宁兵:《以建设规划为龙头 保护古村落古民居》，载《中国建设报》，2009-09-15(2)。
② 宫泉激：《一个村办民俗博物馆的诞生》，载《中国文物报》，2010-02-17（3）。

成为世界文化遗产的46座土楼，主要分布在福建西部和南部的崇山峻岭中，不单是最常见的圆形土楼，还包括了方形土楼、交椅形土楼等，覆盖了完整的土楼群建筑样式。福建土楼依山就势，布局合理，适应聚族而居的生活和防御的要求，巧妙地利用山间狭小的平地和当地生土、木材、鹅卵石等建筑材料，是一种自成体系，具有节约、坚固、防御性强等特点，又极富美感的生土高层建筑类型，这些独一无二的山区民居建筑，将源远流长的生土夯筑技术推向极致。

申报世界文化遗产成功的永定县、南靖县和华安县3县，各自选择一处具有代表性的土楼成立土楼博物馆，向社会各界介绍福建土楼不同的建筑风格、历史、文化和民俗。作为博物馆的3座土楼都拥有数百岁或近百岁的高龄。其中安华县的土楼博物馆设在建于1817年的南阳楼内；永定县的土楼博物馆设在建于1913年的振福楼内，楼内使用许多石料和砖料，雕刻精细，是一座“外土内洋、中西合璧”的土楼；龙潭楼为南靖县的土楼博物馆，建于清代康熙年间，距今约有500年历史。土楼内共有4层，每层16个房间。馆内设有15个展室，全面展示南靖土楼的早期历史、土楼的建造技术和文化内涵、土楼人的生活习俗、南靖杰出的历史人物等内容和各类文物①。

广大民众既是民俗文化遗产的保护者，也是它们的享有者。公众参与民俗文化遗产保护，民俗文化遗产的延续和发展才有深厚的土壤。1913年6月台北州厅兴建北投温泉公共浴场，为当时东亚最大的公共浴场。历经时空递嬗，管理使用单位迭经更动，逐渐倾颓荒废。1994年北投国小师生因乡土教学而发掘了这座荒废的浴场，并拟了陈情书为公共浴场请命。经地方热心人士奔走，终于实现文物保护性再利用，并于1998年10月成立北投温泉博物馆。

① 候丽：《土楼博物馆：客家历史的“羊皮卷”》，载《中国文化报》，2010-06-23(6)。

福建南靖土楼博物馆龙潭楼

中山堂的现址原为清布政使司衙门，“布政使司”是清朝时期的省级行政单位。近年在中山堂馆舍修缮重整开幕之际，台北市文献委员会筹划“百年记忆——庄永明微型蒐藏展”，希望借助文物收藏家庄永明先生丰富的个人收藏，精选具有代表性、不同时期的地图、明信片等实物资料，诉说其时代记忆，以及背后动人的故事，让参观者重新回味往昔时光的生活景况。年近七旬的台湾庶民史专家庄永明，投入文史工作长达40余年，对于当地歌谣俚语、庶民生活、历史佚事与民俗活动如数家珍，先后出版了50余本著作，也策划了多场大大小小的台湾历史特展。

如今，一股自下而上的博物馆热正在形成，越来越多的城市被带动起来。甚至在一些农村地区，人们自发地收藏记忆，建立乡村博物馆。虽然这些民俗类的乡村博物馆，还只能说是博物馆的初级形态，但是从某种意义上说，在承载地域文脉的同时，积极融入当地民众的文化生活，彰显出博物馆应有的文化意义，也是博物馆向社会民众的回归。珍贵的古代文物固然不可再生，而平凡的民俗文物也无可替代。民俗文物平淡琐碎中凝结着时代风云、岁月沧桑，它们是值得永久留存的物质财富。

湖南省江永县的上甘棠村，是一座有着1200多年历史的文化村落，民俗文化遗产资源丰富，文昌阁、月陂亭碑刻等文物古迹之外，还有独具特色的民居建筑群，以及铁铺、酒肆、豆腐坊等乡土建筑。这些乡土建筑是民俗文化的具象表达，是民众思想情感的代言，是乡间文学艺术的载体，也是民众生命和灵魂的寄托。2010年8月，全省首个村级博物馆上甘棠村博物馆开馆。该博物馆占地面积600多平方米，展厅内容设置自然风光、理学探究、民间习俗三个部分，通过实物、文字、图片、音像等展示手段，全方位展示千年古村的历史文化、民俗风情和独特的人文魅力①。

杨柳青年画为木版年画，经过民间艺人的长期实践，形成了独特的风格，是体现出民间艺人卓越创造力和雅致生活情趣的珍贵民俗文化遗产。在制作上，采用木刻套印与手工彩绘相结合的方法，这就形成了既有木板的韵味，又不失民族绘画的风格；在取材上，多选用那些为人们所熟悉的历史神话故事，以及表现人们对幸福生活的憧憬；在表现方法上，或采用汉字的谐音以示吉祥，或用象征手法，表示吉祥喜庆，以满足人们对美好生活的憧憬。加上构图完整对称，丰满和谐而富于装饰性，色泽明快，内容丰富多彩，受到民众的欢迎。

---

① 莫胜：《湖南上甘棠村级博物馆开馆》，载《中国文物报》，2010-08-18（4）。

但是，由于时代久远，年画多为私人作坊制作，木刻画版又极易损毁，因此传世年画和木刻画版已经存世无多。近年来，天津市千方百计地搜集杨柳青年画的传统木刻画版，并将其妥善地保存在博物馆之中，在天津博物馆、民俗博物馆、杨柳青博物馆等博物馆中，均收藏了一批杨柳青年画的传统木刻画版。为保护这一优秀民俗文化遗产，并再现其制作过程，天津电影制片厂、天津电视台、天津市历史博物馆、天津市艺术博物馆、天津杨柳青画社等，联合拍摄了包括选料、绘画、上色、制版、印刷等一整套创作与制作过程，为后人留下了丰富的影像资料，对保护、传承民俗艺术作出了重要的贡献。

古戏台，系指清末民初及其以前修建的，以戏曲表演为主要功能的有顶盖建筑。作为传统戏曲的载体，戏台联系着我国古代多种多样的宗教习俗和戏曲民俗，负载着传统戏曲的艺术形态和观演关系，乃至民族情感和民族精神。2006 年开始，由文化学者吴开英领衔的“中国古戏台研究与保护”课题组历时 3 年，对分布广泛的中国古戏台展开了拉网式的调查和全方位的研究。调查发现，我国古戏台的保护情况很不乐观。由于各种自然灾害和人为破坏，这些珍贵的民俗文化遗产在过去的半个多世纪里，遭到了严重的损毁，相较于 20 世纪 50 年代的 10 万多座，目前古戏台只剩下了 1 万余座。

例如山西是全国古戏台存量最多的省份，1979 年普查时尚存古戏台 2887 座，然而，至 2006 年山西境内的古戏台仅存有 1000 余座；陕西在中华人民共和国成立初期有古戏台 3000 多座，目前仅存 210 余座；河北、河南、山东、甘肃、江西、浙江、广西、福建、北京、天津等省市，过去均遗存有大量的古戏台，现在大部分已经不复存在。一些古戏台较多的地区，例如河北张家口被称为“有村就有庙，有庙必有台”的地区，1958 年统计遗存古戏台 2000 余座，而现存仅 500 余座。越剧发源地嵊州市，原有古戏台 1220 座，现在仅存有 108 座，与嵊州相距不远的宁海县是古戏台保护工作做得比较好的地区，原有古戏台 600 余座，现在也只保存有 120 座。

我国遍布城乡数以万计的古戏台见证了我国戏曲的形成，促进了戏曲的发展和繁盛，是非常宝贵的“固态的戏剧文化”，同时还体现着我国古代建筑艺术的绚丽和辉煌。近年来，随着文化遗产工作的深入开展，以及地方戏曲艺术、民俗文化研究、古村镇旅游活动的持续升温，古戏台正在以一种特殊的文化角色走进人们的视野，对古戏台的保护和研究工作，也逐渐引起各界的重视。例如浙江省将宁海县“古戏台群”申报为全国重点文物保护单位，山西省逐渐修复了现存的大部分古戏台，北京市将湖广会馆、天津市将广东会馆、苏州市将全晋会馆、郑州市将城隍庙等，拥有古戏台的建筑群辟为戏曲博物馆①。

作为传统文化的重要组成部分，民俗文化浩繁复杂，散落于生活的各个角落，因此，对其进行研究和保护，必然是一项十分艰辛繁琐的工作。在民俗文化研究中，应加强理论建构，增加研究中的理论含量，从理论的高度来审视民俗文化，任何文化都是物质与精神的集合体，它象征一个时代，是历史发展趋势和人类精神的标志。民俗文化是人类对历史思考的结果。出于对所有文化的尊重，必须基于民俗文化遗产所属的文化背景对其加以思考和评判。在研究中应把这种人文精神融入情感与理性，使民俗文化成为有人文气息的文化资源。

上世纪 80 年代以来，从事建筑业的王勇超对民俗文化遗产产生浓厚兴趣。当初，王勇超在关中渭北一带考察明清古民居时，发现随着城市化进程加快、收藏热加温，大量散落民间的石雕等民间

① 汪建根：《古戏台：60 年消失近 9 成》，载《中国文化报》，2010-05-05（5）。

艺术品正日益面临着流散、损毁和灭失的危险。他从此踏上漫长的艰辛之旅，先后数百次行程数十万公里，走村串户开展抢救性的征集保护工作。以抢救、保护、征集、研究和整合优秀民俗文化遗产为己任，20 多年来共斥资 3 亿多元，全力抢救散落在民间的文化遗产，创办了西安关中民俗艺术博物院。

关中民俗艺术博物院征集的民俗遗物时代悠远，内容丰富。展示的 40 幢明清时代的传统民宅，无论从规模、布局、造型还是空间尺度与细部，各具风范，集陕西关中地区传统民居之大成。目前收藏的民俗遗产约 33600 余件，门类浩繁。包括关中民居大院、梨园茶楼、店铺餐馆、祠堂衙门等明清古建筑，拴马桩、饮马槽、匾额、碑刻、家具、门窗等木雕、砖雕，衣食住行、工程建筑等民用器物，以及陶器、铜器、宗教礼器、名人字画等，还有秦腔、皮影、木偶、鼓乐等各种民间文化遗产表现形式。

陕西关中民俗艺术博物院

民俗文化遗产，归根结底存在于人们的日常生活之中。要使社会公众自觉接受民俗文化的精髓，不能仅靠政府投资，或是恢复一些热闹华丽的仪式。也不能仅靠专家研究后，将成果记录于文件里、展柜中、舞台上，如此民俗文化遗产虽然可以得到保存，但是却难以传承，甚至可能会影响到民俗文化遗产的原生态性、民间性与真实性。虽然各级政府制定有利于民俗文化遗产保护的相关政策必不可少，专家学者对于民俗文化遗产的研究工作不可或缺，但是保护与传承民俗文化遗产的真正主力，应该是也必须是千千万万的普通民众。保存民俗文化遗产最好的方式就是让它们活在民间，活在每一个普通民众的生活里。

山东青州南张楼村有 400 多年的建村历史，刻在村内民俗博物馆墙上的《南张楼赋》，清楚地介绍了村庄的变迁。馆内有 500 余件民俗文物，大都是从村民家中征集而来，每一件展品下面都有标签写明捐献者的姓名。展品共分为农村生产用具、农村生活用品、农村文化用品、农村婚丧嫁娶用品四大类。农业生产用具展室，由犁、镢、耧、锄、镰、石磙、瓮等工具的摆放顺序，就能看出昔日农业生产过程，为观众生动展示农业知识。创办者介绍建民俗博物馆的初衷，就是要让南张楼村的年轻人了解村庄的历史，懂得先辈创业的艰难，从而珍惜今天的生活①。

激发社会公众的文化主人翁意识，让民俗文化遗产的保护与利用，走出“政府喊、专家干、百姓看”的局面，实乃当务之急。只有社会公众自觉地身体力行、用心体会，传承几千年灿烂的民俗文化遗产，才能以生动鲜活的形态代代传承下去②。继承民俗文化遗产

① 刘成友：《乡土记忆 我们共同珍藏》，载《人民日报》，2011-05-18（12）。
② 赵婷：《保存“非遗”最好方式是让它活在民间》，载《北京日报》，2009-05-31（9）。

不是当代人的特权，而是当代人与子孙后代的共同权利。因此，应该鼓励社区对自然的变化节奏加以控制，协助社区减少由于环境改变等原因所导致的快速和不恰当的内部或外部变化威胁；协助社区维持民俗文化遗产与社区精神、社会凝聚力及经济可行性之间的关系；协助社区认识并记录民俗文化遗产的变化，分析变化进程的诱因和速度，以制订应对之策。

依照牛津辞典的定义，社区是由同住某一地区、某一区域或某一国家的人们所构成的群体。许多学者在研究社区博物馆问题时，常常将关注点置于地域问题上。台湾博物馆学学者张誉腾认为，社区不仅是指生长在同一地方的一群人，应该还有其他更积极的因素，并共同拥有几个世代以来不曾断裂的地方传统，对这群人来说，社区是一个活生生的世界。因此，"活态"成为社区博物馆的一个重要特征[①]。2011年2月，一座浓缩原朝阳区洼里乡到奥运村变迁史的博物馆，奥运村博物馆在奥林匹克公园附近建成开馆，近百件村民捐赠的珍贵藏品，从"历史回顾"、"筹备奥运"、"举办奥运"、"现状及发展规划"四个方面展示了奥运村的变迁。

曾经的菜地，如今变成了"鸟巢"；村民世代居住的平房院落，建起了"水立方"。博物馆里面摆放着自成立"洼里公社"以来，村民们各个时期的生活用品和图片资料。为了支持奥运村和奥林匹克公园建设，洼里乡6个村庄全部拆除，2.3万村民整体外迁，洼里乡作为行政单位彻底消失。昔日的水稻田变成今天碧波荡漾的"奥海"，农家院上盖起奥运村。"搬迁后，村民们分散到了北京各地，但大家的洼里情，却一直没有断。"为了让后代人记住洼里，了解奥运村的变迁，办事处专门修建了这座博物馆，账本、铁锨、弥陀古寺修缮记

① 乔欣：《社区博物馆：从馆舍天地走向大千世界》，载《中国文化报》，2011-02-16(6)。

录、奥运火炬样品等全部由村民捐赠，免费向社会公众开放[①]。

近年来，在巩固民族地区生态博物馆的基础上，向富裕地区发展生态博物馆的战略思路，得到了国内较多博物馆学、生态学、民俗学等方面专家的赞成。长江三角洲地区作为“我国综合实力最强的经济中心”，在加快经济一体化发展的进程中，却面临着经济建设与文化遗产保护、经济发展与生态平衡的巨大挑战。如果能在这一地区成功建设生态博物馆，其影响不仅会辐射到整个长三角地区，而且将扩大到整个东部地区，从而更好地发挥生态博物馆的作用。在这一背景下，关注的目光落在了安吉。安吉处于长三角的中心腹地，是经济迅速崛起的地区，距杭州、上海、宁波、南京、苏州等大中城市均为3小时交通经济圈内。

安吉位于天目山之阳、太湖之阴，是典型的山区县，自然资源极其丰富。全县森林覆盖率达71%，拥有竹林面积100余万亩。“竹林浩瀚”构成了安吉东南部山区最典型的文化与自然景观，“白茶绿海”则呈现出安吉西北部丘陵岗地的特色风光。同时，安吉还是历史上的移民地区，除本地土著山民外，有来自湖北、河南、安徽、云南、四川等省及本省温州、台州、绍兴、宁波、杭州等地的移民。大量移民的迁入，将原籍文化带入本地，一些外地风俗由此传入，造成“十里不同风，百里不同俗”、“离城十里路，各有各乡风”的文化景象。移民文化的传承与当地土著文化的融合，使安吉各地的乡土文化、民间习俗呈现多样化态势并具特色[②]。

2011年7月，安吉生态博物馆正式设立。将博物馆的功能向外延伸，突出其“体验、示范、审美、链接”作用。在展示模式上，

① 华锴：《奥运村博物馆里找“家”》，载《北京日报》，2011-02-22（10）。
② 程永军：《安吉：探索东部地区生态博物馆建设新模式》，载《中国文物报》，2011-04-27（3）。

不再局限于一个馆，一座建筑，而是将整个县域范围内最具特色的人文、生态资源纳入展示范围，采用“1个中心馆12个卫星馆和多个展示点”的框架结构，包括自然生态、历史文化、社会发展、现代产业的各个方面，其中，尤以展示、保护、传承物质与非物质文化遗产为主。在展示内容上，安吉生态博物馆不仅跨越了传统博物馆的分界线，由环境和遗产的特点，以及社区的需求来决定内容和延伸，同时，也突破了以往生态博物馆以展示民俗文化为主的限制，继而将自然生态、文化生态、社会生态、产业生态较好的融合，以系统的观念展示安吉的过去，现在和未来。

浙江安吉中国生态博物馆建设情况汇报会

安吉生态博物馆详细记载安吉县从历史文明到现代文明的发展进程，全面展示安吉乡村文化的历史渊源和现代成就，呈现出各具特色的“一村一韵”、“一村一景”的乡村文化景观。上张山民文化展示馆自2009年1月开放以来，已接待参观人数2万余人次。当地村民对于举办这个展览表现出极大的热情，踊跃捐献自己的民俗物品，出工不计报酬。展示馆开馆后，当地村民反响强烈，他们不仅自己屡看不厌，还经常邀亲带友，担任讲解员，自豪地介绍这些曾经亲身经历或发生在自己身边的故事。

在鄣吴竹扇展示馆内，村民们熟练地开料、裱面、拆面、通条，让游客倍感新奇。将鄣吴原来规模小、档次低、分散型的竹扇制作进行统一展示与包装，做成鄣吴拳头文化品牌，通过展示馆向外宣传与销售，使村民的收入大幅增加。在港口竹文化展示馆，充分挖掘竹文化内涵，表达人们对于竹子的依恋情结；在朗村畲族文化展示馆，以畲民的生活方式、传统习俗、风情风貌为内容，展示少数民族多姿的风光；在上舍龙舞文化展示馆，则以竹笋、竹竿、竹叶织成竹叶龙为道具，展示当地村民用独有的方式祭祀祖先、欢庆丰收；在龙王造纸文化展示馆，利用传统的手工造纸作坊，展示当地的特色文化[①]。

苏东海先生指出“中国的新博物馆也在发展之中。中国的生态博物馆正在从贫穷的山村向富裕地区的农村发展，扩大着生存的空间”[②]。安吉生态博物馆建设以来，在生态建设、文化建设和经济建设方面做了很多基础性工作，乡村环境、民众的生活面貌、社会经济等有了很大的进步。民众的脸上都洋溢着自信和幸福。特别是良好的生态环境，使人们感到人在林中，村在林中。“山峦青翠、河流清澈、空气清新、人居环境优美”是对今天安吉生态人居环境恰当的描绘。同时，延绵不绝的竹海，清澈的溪流等，使安吉生态博物馆成为一个美丽的花园。

---

① 程永军：《安吉：探索东部地区生态博物馆建设新模式》，载《中国文物报》，2011-04-27（3）。

② 苏东海：《关于生态博物馆的一点思考》，载《中国文物报》，2010-12-01（8）。

民办博物馆是博物馆事业的重要力量[①]

（2013年12月27日）

博物馆源于收藏。收藏分为两大系统，国家收藏和民间收藏。“盛世兴收藏”。我国民间收藏历史悠久，曾有专家认为，在历史上出现过宋代、清朝康乾年间、清末民初的3次民间收藏高潮。近年来，随着经济社会发展，广大民众生活水平的不断提高，一些具有收藏基础和经济实力的社会各界人士，开始通过收藏来充实生活、享受文化，各类民间收藏活动逐渐活跃起来。如今，收藏早已不仅是文人雅士的闲情逸致，参与收藏的人士越来越多，渐渐“飞入寻常百姓家”，在社会民众眼中成为健康的文化休闲生活行为。

收藏对于更多的人来说，也不仅意味着投资增值，而是一种对文化的感悟、对生活的体验。以往似乎只有瓷器玉器、字画碑帖、古籍善本等，才算得上真正的收藏，但是随着民间收藏者人数快速增加，收藏品类也不断发生变化。目前民间收藏品类已经达数百种，异彩纷呈，包罗万象。近年来，各种各样新的收藏品门类迅速增加，收藏群体也迅速蔓延开来。据专业组织估计，我国民间收藏爱好者有7000万人，实际上具体准确的数字难以统计。随着艺术品市场、拍卖市场在全国各地的出现和持续发展，民间收藏不断升温，逐渐成为社会民众现代文化生活的组成部分。

① 此文发表于《人文天下》2013年第12期，第45页。

全国民办博物馆座谈会

中华人民共和国成立后，博物馆作为公益性文化事业单位属于国家所有。在当时情况下，个人不仅没有条件，而且也没有可能兴办博物馆。改革开放以来，我国经济社会制度发生重大变化，特别是市场经济的建立，出现了以国有经济为主，多种经济成分共同发展的局面。而所有制形式的多样化，人们利益目标的多样化，文化选择的多样化，反映在博物馆方面的变化，就是民办博物馆的兴起。改革开放以来，民办博物馆的发展大致可以分为三个阶段：即第一阶段是从 20 世纪 80 年代初到 90 年代初的自发创立阶段；第二阶段是从 90 年代初至 90 年代末的批准设立阶段；第三阶段是 90 年代末至今的登记管理阶段。

从广义上看，民办博物馆是指民间力量创办并经营的博物馆。这种民办博物馆须具备以下条件，一是创办资金的非国有性。即创办资金不属于国家的财政资金，而属于个人、企业或其他社会组织的非国有资金。二是创办行为的非职权性。即创办民办博物馆的行为不是政府机关等公权组织的职权行为，而是个人、企业或其他社会组织的民间活动。即创办民办博物馆的行为属于民事行为，而不是公法行为。三是创办者及经营者的民间身份。即民办博物馆的创办者及经营者属于民间力量，包括自然人、企业、非营利组织等非公权组织。国家立法机关、政府机关、军事机关、司法机关等公权组织不是民办博物馆的创办者或经营者[①]。

民办博物馆的自发创立阶段是我国民办博物馆的雏形阶段。改革开放初期，一些有识之士，由最初单纯对于收藏的个人爱好，转为希望将其收藏及研究成果向社会展示，弘扬中华传统文化和民族精神，民办博物馆得以应运而生。一些较早进行专题收藏的收藏人士将其收藏成果陈列于一室，允许社会公众入内观赏。此时民办博物馆的名称并不统一，有的称博物馆，有的称陈列馆，也有的称收藏馆或其他名称。我国民办博物馆第一阶段的典型群体是出现在上海的家庭博物馆。“1981 年 3 月 22 日，上海陈氏算具陈列馆悄然开馆，揭开了民间藏馆的序幕，其后，上海地区的民间藏馆陆续出现，到 80 年代后期，较正规的民间藏馆已有 16 所”[②]。

对于上海第一家民办博物馆的成立时间，吴少华先生认为，“上海的家庭博物馆发端于八十年代初。1983 年 4 月 9 日《解放日报》刊登了一条不起眼的小消息，说的是本市创办了一座‘王家钟表博物馆’。创办者为著名的已故钟表收藏家王安坚。他收藏早期的中外钟表 300 多件。这是中国大陆诞生的第一座家庭博物馆。紧接着，

① 国家文物局：《中国民办博物馆课题报告》，载《新形势下博物馆工作实践与思考》，文物出版社，2010。
② 宋向光：《中国当代私立博物馆的发展》，载《国际博物馆》（全球中文版），2008（1–2）。

上海滩又出现了‘陈宝定算具陈列馆’‘陈宝财蝴蝶博物馆’‘韦清火花藏馆’等。从那以后，上海的民间家庭博物馆如雨后春笋般地涌现。据上海收藏欣赏联谊会统计，目前本市的家庭博物馆总数已达120余家。分布于全市各处，其整体优势占全国之最”[①]。

随着社会民众生活水平的提高，私人收藏之风渐行，民间收藏持续升温。以家庭为单位、不以盈利为目的，仅限于收藏者与志同道合人士交流和研究，集收藏与展示于一体的家庭收藏室、私人博物馆，在城市社区内不断出现。但是，这一阶段的民办博物馆规模较小，收藏品类单一，展室面积狭小，多与家庭用房相连，博物馆基本没有员工，多由创办者临时担任讲解，观众数量不多，时常门庭冷落。10多年前，上海市虹口区为鼓励民办博物馆的发展，将多伦路上多处房屋低价出售给民间收藏家，使多伦路一度成为民办博物馆密集的地区，但是由于种种原因，10多家民办博物馆如今只剩下2家[②]。

一些当年曾有一定社会影响的民办博物馆，在运营一段时间后，或无奈关闭，或处于难以维持的境况。例如陈宝定算具陈列馆收藏有算盘800把、算尺150只、算器50件。1985年中国新闻纪录电影制片厂拍摄的《珠算的故乡》纪录片，其中选取该馆的500多件算具藏品，扩大了陈列馆的社会影响。但是，自从陈宝定先生生病住院，陈宝定算具陈列室就不能正常运营，如今已经关闭多年。同样具有一定社会知名度的蝴蝶博物馆，也因创办者陈宝财先生病重而不得不闭馆。“私人博物馆大都靠痴迷其中的收藏者苦苦支撑，若子女对此不感兴趣，结果就是后继乏人，很难逃过闭馆的命运。”

① 宋向光：《中国当代私立博物馆的发展》，载《国际博物馆》（全球中文版），2008（1-2）。

② 张骏：《上海私人博物馆何以安身》，载《解放日报》，2010-12-04（5）。

从民办博物馆与政府关系的角度看，民办博物馆发展的第一阶段，最显著的特征在于其游离于体制之外。各级政府既没有对民办博物馆进行规范管理，也不对其扶持鼓励，几乎是视而不见、不闻不问，完全任其自生自灭。进入20世纪90年代，情况有所好转。"1991年，上海文物管理委员会批准成立'四海壶具博物馆'，允许其以博物馆名义对外开放，该馆于1992年12月正式开放。"1993年12月，《北京市博物馆登记暂行办法》由北京市政府颁布实施，并在全国率先审批注册民办博物馆，不但开创了博物馆登记管理的先河，也为民办博物馆的建立提供了法律依据。这些标志着民办博物馆发展进入了一个新的发展阶段，即批准设立阶段。

此后，各地政府有关部门开始通过行使批准权，对民办博物馆进行规范和管理。此时民办博物馆也被称作私立博物馆、民营博物馆等。《北京市博物馆登记暂行办法》颁布以后，陆续有数十位公民个人提出了开办民办博物馆的申请，收藏品除涉及瓷器、青铜器、玉器、陶器、碑帖、书画、民族服饰、家具等各类文物外，也有火花、门券、剪纸等各类收藏品。1996年10月，通过对申办人收藏经历、藏品价值、馆舍情况、学术研究能力等方面的考察，观复古典艺术博物馆、古陶文明博物馆、何扬吴茜现代绘画馆、北京遗箴堂碑帖拓片博物馆等4家民办博物馆获得北京市文物局批准，得以设立。

这些民办博物馆是我国依法正式注册的第一批民办博物馆，在全国首开由政府批准建立民办博物馆的先河，体现国家鼓励博物馆多元化建设政策的引导，打破了我国民办博物馆一直处于雏形阶段的僵局。广东是我国实施改革开放的前沿，也是国内民办博物馆起步较早的地区之一。1996年2月，广东中山蝴蝶博物馆获得广东省文化厅的批准。1997年深圳玺宝楼青瓷博物馆正式向社会开放。民办博物馆的出现，突破了长期以来由国家建设管理博物馆，公立博物馆一统天下的固有格局，为新时期博物馆事业发展注入了新的活力。

1998 年 10 月，《民办非企业单位登记管理暂行条例》由国务院颁布施行，将民办博物馆列入民办非企业单位之列，所谓民办非企业单位，“是指企业事业单位、社会团体和其他社会力量以及公民个人利用非国有资产举办的，从事非盈利性社会服务活动的社会组织”。由此我国民办博物馆被纳入业务主管单位（文物部门）和登记管理机构（民政部门）的双重管理体制，进入了登记管理阶段，2001 年，经北京市人民代表大会批准发布的《北京市博物馆条例》，以法规形式明确提出“鼓励和提倡社会各界、公民个人兴办博物馆，优先发展填补本市门类空白的博物馆”。这是在国内首次以法规形式明确允许非政府投资建立博物馆，有效调动了社会办馆的积极性，在社会上引起了很大的反响。

民办博物馆中不少是“以商养文”类型，也是民办博物馆赖以生存不得已的做法，即以商业利润弥补文化上的支出，成就文化理想。但是，也有一些民办博物馆在建设和运营中走过了一段弯路，1976 年，“秦公一号大墓”的发现被称为考古史上的重大事件。直到 1986 年发掘工作基本告一段落。考古遗址内出土的 3500 件珍贵文物陆续运往陕西省的博物馆和文物保护单位异地保存。但是，在考古遗址设立遗址博物馆的建议不断被提起。1998 年，经批准陕西省考古研究所与考古遗址所在地的凤翔县南指挥村合作，通过在全体村民中集资 80 万元加上村办企业中积攒下来的 30 万元，采取国有民助的方式，对秦公一号大墓进行保护性利用。

2000 年 8 月，由凤翔县南指挥村村委会集资，我国首座由农民参与创办的遗址博物馆正式开馆。媒体曾认为这是社会力量参与文物保护的有益尝试。然而，建馆之初满怀憧憬的村民，却在此后6年的博物馆运营中尝到了艰辛与困惑。由于大部分出土文物运到陕西省历史博物馆，馆内文物展品数量较少，展示方式单一，对参观者吸引力不大。同时，由于资金投入短缺，博物馆每年收入不足10万元，而博物馆的基本维持费用就需要5万多元，致使村民集资投入多年无法收回。2006年，出于保护文物资源的目的，宝鸡市政府决定将秦公一号大墓博物馆收归国有，更名为宝鸡先秦陵园博物馆。

上海市民办博物馆的发展，在经历了20世纪90年代后期的"稍有停滞"之后，于本世纪初又悄然复兴，约有110多座各类民办博物馆、收藏馆、陈列室等相继创办，内容涉及传统技术、工艺制作、商标票证、生活器物及文史资料等众多领域。同时，位于黄埔区的三山会馆则被建成"上海民间收藏陈列馆"，轮换展出上海部分民办博物馆的精品收藏。此外，18座具备开放能力的民办博物馆被列为涉外旅游景点，组成一条名为"都市觅史"的旅游专线，还印制了精美的中英文《家庭收藏分布示意图》用于宣传推广①。

为了促进民办博物馆发展，一些地方鼓励公立博物馆与民办博物馆在互利原则上建立合作关系。例如辽宁省积极支持公立博物馆与具备条件的民办博物馆联合举办展览，并鼓励民办博物馆特色藏品走进公立博物馆。陕西省将民办博物馆关中民俗艺术博物院确定为重大建设项目。浙江省针对浙江文物收藏的现状，自2003年始，充分利用浙江省博物馆的宣传与展示平台，推出了浙江民间收藏走进博物馆系列特展，并将其作为博物馆每年的重要展览延续下去。2004年浙江省又举办了全省性的"家有宝藏"大展，荟萃展出民间

① 李雪峰：《浅议民间博物馆发展的外部环境构建》，载《博物馆研究》，2010（4）38。

收藏的各类文物，并积极对全省民间收藏的出土文物进行摸底、登记管理，掌握情况。

在民办博物馆扶持政策的鼓励下，宁波市鄞州区兴起博物馆建设热潮，无论是政府还是民间，无论是企业家还是收藏家，无论是文化界还是社会各界，都积极参与博物馆发展。至 2010 年 10 月，全区已建和在建各类博物馆共 27 座，总占地 410 亩，建筑总面积约 12.2 万平方米。其中公立的 9 座，民办的 18 座。在 11.75 亿的博物馆建设投资总额中民间资本达 8.5 亿。这些博物馆全部建成后，全区每 3 万常住人口就可以拥有一座博物馆。同时，着眼提高民办博物馆的公众参与程度，公众服务能力，强化财政补助，免费共享，面向全社会开放。目前已经累计发放补助资金逾千万元，受惠民众每年近 100 万人次。

宁波首家对外免费开放的民办博物馆是紫林坊艺术馆，该馆坐落于鄞州新城区中心位置，博物馆建筑面积 4000 多平方米，以现代建筑为主体，包含传统元素的围廊，以及 1800 多平方米的室内外水池。馆内共有 12 个展厅，长廊两边增设“琴、棋、书、画”，体现江南水乡的韵味。博物馆藏品 2000 多件，除展示紫檀木雕刻、红木家具、骨木镶嵌等以外，主要展品有作为镇馆之宝的“沉香阁”中珍藏的 14 件珍贵的雕刻艺术作品。2008 年 9 月开馆以来，已接待 10 万观众，受到社会各界的积极肯定和评价，为鄞州区博物馆的建设起到一定推动作用。目前，紫林坊艺术馆已经享受政府博物馆门票等补贴 200 多万元。

浙江省德清县政府为莫干山陆有仁中草药博物馆以每亩 5 万元的优惠价格划批土地 35 亩，包括博物馆、中医药藏书楼、中国历代名医碑林、中药百草园等，其中博物馆面积 5000 多平方米；台州市政府为吴子熊玻璃艺术馆落实土地，使其建成相当规模的特色博物馆，并成为当地具有影响的人文景观。江苏省同里积极引进民办博物馆入住古镇，给予优厚条件，不但不收房屋租金，反而给民办博物馆相当可观的资金补贴，使数家境遇举步维艰的民办博物馆成为受邀对象，同时，通过这种方式使这座江南古镇更加独具文化特色。

如今，我国的民办博物馆发展已经走过了近20年的历程，这一期间共出现过多少民办博物馆，有多少博物馆由于各种原因在开馆一段时间后关闭，缺少准确的统计资料。但是，民办博物馆发展的初级阶段已经度过，质量和层次都面临跨越新的台阶。截至2008年年底，山西省经年检登记的民办博物馆共29座，从地域分布看，有23座集中在晋中市，其中平遥县有民办博物馆14座，这一民办博物馆群体的出现，主要是当地政府为增强平遥古城的文化内涵，出台优惠政策，鼓励民间力量利用特色鲜明的传统民居建筑创办博物馆。

2008年年底，在四川省文物部门备案的民办博物馆达28座。其中，成都市区域内有民办博物馆25座，数量超过该市公立博物馆总数。辽宁省目前共有各类民办博物馆27家，每年接待观众80余万人次，其中免费接待观众20余万人次，社会效益比较显著。2009年6月，浙江省共有民办博物馆82家。其中属私人或非公企业投资建设和管理的博物馆、纪念馆、陈列馆共41家，由企业和行业投资建设与管理的博物馆共41家。至2009年10月，北京市共正式注册民办博物馆26家，其门类涉及古代文物、工艺美术、民族民俗、服装服饰等多个门类，成为公立博物馆的有益补充，以及体现民间收藏水平的窗口。

长期以来，公立博物馆的藏品大多来自于考古成果、社会捐献等方式，而民办博物馆的创办人大多来自于民间，他们对文物的理解更加多样，文物藏品来源也更加广泛。同时，民办博物馆对民间收藏市场十分了解，具有与民间联系沟通的有效管道，能够掌握公立博物馆了解不到的相关信息，这也是民办博物馆发展的优势。事实上，对于各个历史时期社会生产生活中物质、非物质遗存的收藏、保护、展示，民办博物馆往往更具优势。今天，民办博物馆填补了博物馆领域的诸多空白，抢救保存了大量珍贵文物。

陕西西安大唐西市博物馆

在四川众多的民办博物馆中，建川博物馆具有广泛的影响。该馆汇集了 800 余万件藏品。为了实现既定的办馆目标，建川博物馆建立了 480 多人的信息网，在日本也有 10 多名信息员，每年数以万计的承载各种信息的收藏物品，从四面八方涌向四川盆地，仅 2007 年，就收到了 238 个集装箱的藏品。建川博物馆将收藏陈列重点定位于抗战文物、“文革”文物、抗震救灾文物和民俗文物等主题。博物馆园区大门有四根柱子，刻着四句话："为了和平，收藏战争"、"为了明天，收藏教训"、"为了安宁，收藏灾难"、"为了传承，收藏民俗"，这一办馆宗旨，表达了对国家、对民族、对社会、对历史的责任感。

每一次重大社会变革之后，人们在追求新生活的过程中，大量丢弃旧物，制造了一场场集体无意识的销毁记忆行动。但是，博物馆具有鲜明的文化传承作用。例如建川博物馆的收藏陈列为历史记忆补充了可以触摸到的往事细节。例如在"文革"文物方面，经过不懈努力，征集到这一特殊年代的上万种票证，数千面镜子，上千座钟表，万余张结婚证书，50 万封家书，30 多万张宣传画，数万件日记、公函、介绍信，5000 多部电影资料，以及大量收音机、留声机、油印机、幻灯机等，当年的日常生活用品一应俱全。陈列厅内还复原了当时工人、农民、战士、机关干部的住室，基层单位的广播室、医务室等场景[①]。

近年来，民办博物馆在展览特色、办馆模式、运作机制等方面，积累了不少可贵经验。这些经验不仅对于民办博物馆自身，而且对于整个博物馆事业的改革、发展都弥足珍贵。今天，人们越来越认识到，社会文物的收藏与保护仅靠国家的努力远远不够。民办博物馆的设立，是社会发展的必然要求。民办博物馆作为社会公益事业的补充，一方面可以增加民众文化活动场所，提高社会公众文化素养；另一方面可以减少政府投资，使"藏宝于民"转为服务社会。目前，博物馆的功能不断扩大，使命不断增加，但是探讨民办博物馆的定位时，亦不应忘记其存在的核心价值。

2002 年关中民俗艺术博物院征用土地 500 亩开始建设以来，征集的民俗遗物时代悠远，内容丰富。展示的 40 幢明清时代的传统民

① 阮家新:《百姓视角下的历史——访建川博物馆》，载《中国文物报》，2009-12-02(5)。

宅，无论从规模、布局、造型还是空间尺度与细部，各具风范，集陕西关中地区传统民居之大成。目前收藏的民俗遗产约 33600 余件，门类浩繁。包括关中民居大院、梨园茶楼、店铺餐馆、祠堂衙门等明清古建筑，拴马桩、饮马槽、匾额、碑刻、家具、门窗等木雕、砖雕，衣食住行、工程建筑等民用器物，以及陶器、铜器、宗教礼器、名人字画等，还有秦腔、皮影、木偶、鼓乐等各种民间文化遗产表现形式，吸引了国内外专家学者和社会公众的目光。

2003 年，在大规模房地产开发的背景下，千年古镇杨柳青海河边的杨柳青年画作坊，相继被夷为平地。刘春芬决定保留住当年最繁华的估衣街北的安家大院，成立安家大院博物馆。博物馆藏品包括我国传统的桌、椅、柜、箱、屏风、文人字画，以及海派精致的电器、沙发、弹簧床等。2010 年，刘春芬又创办了五大道历史博物馆。民园大楼是 20 世纪 30 年代的高级公寓，包括不少历史名人曾经在此居住，博物馆展出个人收藏的千余件展品，包括仍能发声的老式唱机、保存完整的英式壁炉、盛放烟斗的工艺托座、百余种老式墨水缸、老日历等，重现百年前租界地内的生活[①]。

成都华通博物馆是于 2008 年创办的民办博物馆，以文物保护科技见长，展示高分子新材料在军工生产、航空航天、民用工业领域中的运用。2009 年成都华通博物馆在馆内设立 1000 平方米的文物检测研究中心，配套了国内领先的高科技设备，利用博物馆的实验条件和技术人员，共同开展文物保护科学研究及检测工作，建立文物保护研究的分析检测技术体系，并为收藏单位和个人进行文物检测的技术服务。中国文物保护技术协会授予成都华通博物馆为“中国文物保护技术协会文物保护检测基地”。其中最有特点的是拥有先

① 朱虹：《天津市民建两座私人博物馆》，载《人民日报》（海外版），2010-04-02（2）。

进的陶瓷检测设备，拥有一定数量的科技人员，在科技保护和应用方面走在了前列。

“在中华民族的文化血脉中，有一种顽强而不可消除的收藏基因”。民办博物馆是数量巨大的民间、民族、民俗等类别流散文物的良好归宿。莫干山陆有仁中草药博物馆，由浙江德清陆氏中医世家传人陆有仁医生创建，陆有仁医生用20多年的时间搜集整理博物馆的展品，将30多年行医和其他经营所得全部积蓄倾注于博物馆建设。2008年新馆建成，现有藏品中古代制药器具1000多件，中医古籍20000多册，中草药标本3000多种，成为以弘扬祖国中医中药传统文化为主题，集与主题相关的文物收藏、陈列展示、中医药研究为一体的特色专业博物馆。

民办博物馆的创办者，大都是某一领域的收藏里手，他们追求收藏的专门性、稀缺性、完整性和唯一性，以这些收藏成果开办的博物馆，其独一无二的藏品系列，便是民办博物馆的核心价值。民办博物馆就是要突出其他博物馆无法比拟的藏品优势，形成自己的文化特色，并成为某一领域的收藏中心、展示中心和研究中心，以无可替代的身份自立于博物馆之林。近年来，民办博物馆在展览特色、办馆模式、运作机制等方面，积累了不少的经验。这些经验不仅对于其自身，而且对于整个博物馆事业的改革、发展，都是弥足珍贵的。

今天，民办博物馆已经成为收藏、保护流散文物的无可替代的主力军，是“藏宝于民”的高级实现形式，也是文物保护的有效实现形式。张长生是盐山县张仁庄村农民。曾是军工厂工人，每天的工作就是拆卸退役的军用飞机和教练机，熟知飞机的构造以及仪表等各种零部件，了解各种飞机的型号和性能。张长生从20世纪80年代开始收藏各种航空器件，如今他的藏品已经多达50余万件。这些藏品最早可以追溯到20世纪50年代。从1996年开始，张长生又陆续收藏了数十架退役的飞机，有教练机，也有战斗机、运输机等。

在盐山县，很多学生都参观过张长生的航空收藏博物馆，展馆内陈列着的飞机起落架、陀螺、飞行服、航空时钟、转速表、温度表、高度表等各种各样的航空器件实物，以及墙上张贴的航空知识图片等，让不少学生们着迷。这座2008年免费对社会开放的航空收藏博物馆，也是国内首家民办航空收藏博物馆。为了丰富其他博物馆的文物展品，并供有关学校教学，以及师生开展国防教育需要。张长生先后将自己收藏的数十架飞机分别捐赠给抗日战争纪念馆、航空博物馆以及北京航空航天大学、上海同济大学和西安工业大学等。如今，张长生捐赠的飞机分布在北京、山东、西安、大连、广州、南京等多个城市①。

许多民办博物馆的所有权属于私营企业，对于企业文化的构建和企业形象的塑造及推广具有很好的作用，相当于是为企业开辟了一条宣传推广和形象建设的平台。企业创办民办博物馆不仅于自身而且对社会都有益处，加之企业在经营管理上的能力，既可以为民办博物馆的持续发展提供资金，同时也能保障民办博物馆的有效管理，有助于企业充分履行对社会的职责，同时也有利于增强公众对企业的认可和赞赏。但是，目前不少企业创办的民办博物馆主要定位于较为单一的行业历史、企业文化、企业产品、个人收藏展示，除了一些行业内部服务接待外，作为博物馆应承担的藏品保管、陈列展览、科学研究、社会教育、公众服务等难于全面开展。

民办博物馆要以特色求发展，民办博物馆特色要植根于自身优势，要有利于民办博物馆与观众的沟通，要得到观众的认同，要满足

① 冬子：《河北农民建航空博物馆》，载《人民日报》（海外版），2009-12-28（2）。

观众的需求。当前，我国民办博物馆的收藏陈列主题丰富多彩，越来越多的民办博物馆认识到，走特色之路、走专业化之路是可持续发展的方向。例如1999年筹建的山西祁县珠算博物馆，收藏不同形状、不同功能、不同质地的古今算盘2000余件，融珠算文化与晋商文化为一体，是一座集中展示、研究、收藏与交流珠算文化的专题博物馆，通过珠算起源与发展的陈列，利用展品、展板等形式，展现了我国珠算的悠久历程与深厚底蕴，向世人彰显古代民众的文化创造。

四川全国民办博物馆发展成都论坛

内蒙古酒文化博物馆，注重收集、整理内蒙古酒文化历史上的重要事件、典型人物、文物遗存、传说故事，以及与之密切联系的经济、政治、军事、文化等方面的历史沿革资料，展示出4500年来内蒙古草原的酿酒技术和酿酒器具；各时期内蒙古各民族的贮酒用具和盛酒器的变化；从古至今的温酒、斟酒和饮酒器具，以及几千年来内蒙古的酒宴、酒礼、酒祭、酒令、酒楼、酒诗文等，从中阐释时代的变迁和各民族不同的风俗习惯，以及艺术审美观念。位于北京怀柔的崔永元电影博物馆，收藏了1000多部电影拷贝、160多种电影放映机、40多种电影摄影机以及千余张电影海报，组成了一部电影发展史。

民办博物馆的发展离不开社会各界的支持，因为它本身就来源于民间，是对民间文化、民间生活、民间历史的集中展示和体现，民办博物馆的出现不过是“还宝于民”、“还文化于民间”的结果，只有得到社会广泛的认可和欣赏，才能真正体现其自身的功能和价值。因此，要正确树立民办博物馆形象，即观众对民办博物馆的价值、特色、效益的综合认知。对民办博物馆而言，强化与社区的融合，融入社区居民的日常生活，一方面有助于营造社区文化氛围，在全社会形成欣赏民间藏品、参观民办博物馆的风气，另一方面可以使社区居民参与到民办博物馆的建设之中，参与诸如讲解、维护等志愿者日常工作，充分体现博物馆对现代社会的亲和力。

在北京“胡同张老北京民间艺术馆”，人们可以体验到拍三角、跳皮筋、耍羊拐、踢毽子等众多几乎消失的老北京民间游戏。在“北京崔永平皮影艺术博物馆”，人们可以看到2000多年前皮影戏的创造发明和发展过程，以及500多个栩栩如生的皮影头像。成都川菜博物馆位于郫县古城镇，占地40余亩，从征集藏品到开馆历时10余年。以川菜为主题，以实物、典籍、图文陈列展示川菜的历史文化，介绍川菜的起源、演变、发展及川菜文化的形成，以及川菜“食在中国、味在四川”的文化缘由，展馆分为序厅、典藏馆、互动演示馆、品茗休闲馆、灶王祠、川菜原料加工工具展示区、川菜原料展示区。

从世界各国的发展实践看，博物馆事业的发展，需要靠社会和个人财富的长期积累，靠社会支持系统的完善配套，靠公民公益意识的极大提高。从现有民办博物馆的投资创办主体看，多以民营企业为主，少部分为个人收藏家。有的民办博物馆的经营者，倾其毕生的资产搜集藏品，通过个人努力，或者加上政府的支持，投入巨资建成了博物馆。但是，博物馆运营的任何环节都离不开资金的持续支撑，资金一旦短缺，就会直接影响到博物馆的正常运营。因此，无论是国有博物馆还是民办博物馆，不仅在政策上要一视同仁，而且对民办博物馆的弱势群体，要加大扶持力度，促进其健康发展。

新加坡的玩具博物馆创办人张延发收藏传统玩具 20 余年，藏品数量超过 5 万件，来自 25 个国家，是收集东南亚玩具数量最多的博物馆。为了与大家分享欣赏玩具的喜悦，张延发投入 200 万新元资金，用了 10 余年时间筹办民办博物馆。即便如此，由于陈列空间有限，博物馆每次只能展出 1/10 的收藏，每 3 个月至 6 个月更换一次展品。2006 年 5 月玩具博物馆开馆后，成绩“令人感到鼓舞”，远自欧美等国的游客，千里迢迢慕名而来。2007 年 4 月，新加坡艺术部长李文献宣布，每年拨款 1550 万新元，鼓励更多人加入文化、艺术事业，包括成立民办博物馆。张延发表示，有政府的资助固然很好，但是他更希望政府“让旅行团把玩具博物馆列入外国旅行团必参观的景点之一”[①]。

民办博物馆的出现，突破了我国博物馆长期以来由国家经营的固有格局，为博物馆事业发展注入了新的活力。今天，民办博物馆的发展方兴未艾。人们期待着更多管理规范的民办博物馆不断涌现，使其更加积极地参与到博物馆事业的发展之中。人们呼吁给予民办博物馆合法地位，尽可能地支持和帮助它们，并引导其对公立博物馆形成有益补充。人们鼓励民办博物馆实现专题系列收藏，让健康

① 《新加坡玩具博物馆新颖独特》，见《文博资讯参考》，45 页，2007。

而有创意的文化观念得以弘扬。因此，目前需要科学研究我国民办博物馆的生存与发展状况，提出发展思路，为我国民办博物馆又好又快发展，提供必要的专业理论和技术方面的支持，全面提升科学化、专业化水准。

2011 年 2 月，由宁波华茂集团独资创办的我国首座教育类专题博物馆，浙江民族教育博物馆落户于宁波的东钱湖畔。民族教育博物馆的开办是宁波市民办博物馆的又一次成功实践。它致力于征集、收藏我国近代杰出教育家的文献与实物，重现他们的业绩，为研究我国教育史提供学术资源。该馆一方面以《中国教育通史》作为基本陈列，呈现中华民族数千年教育的悠久历史和教育传统。另一方面，该馆把艺术教育展示作为自己的特色。在刘开渠、贺绿汀和罗工柳的亲属积极支持下，该馆为上述著名艺术教育家开设了独立的专馆，陈列他们生前创作的作品和艺术教育的相关文献、资料[①]。

杭州世界钱币博物馆，是以收藏和陈列世界钱币为主的民办博物馆。该馆注重学术研究，先后组织编写和出版专业书籍 14 种，有 40 多篇论文在海内外发表，得到国家级、省级课题经费补助。其中为发掘和保护杭州、宁波地区金融历史古迹，为城市规划建设中保护老银行建筑遗址提供历史依据，编写出版了《纸币西湖》、《杭州老银行》等书籍。该馆收藏有大量各个时期金融类书籍、票据、账册、器具，是大专院校社会教学中不可缺少的组成部分，已有多所高等院校的多批学生前往实习，成为学生们的第二课堂。同时，杭州世界钱币博物馆免费开展钱币鉴定和咨询活动，为市民和各阶层人士免费义务鉴定中外货币。

民办博物馆在享有权利的同时，也承担起提供优质社会服务的

① 李韵：《首座教育博物馆落户宁波》，载《光明日报》，2011-02-20（4）。

义务。不同类型的博物馆有着不同的运营方式和理念，表达着创办者不同的文化主张，以特有的方式为现代社会保留一份传统记忆。深圳玺宝楼青瓷博物馆内设有标本室、书画斋、鉴赏交流厅等配套齐全的服务设施，其用意就是使观众在观赏瓷器的过程中得到休闲，在休闲中感悟瓷器文化的博大精深。除展览陈列注重品质外，在服务讲解方面也别具特色，例如在馆内设立免费茶座，方便年老体弱观众；只要展厅内有一位参观者，就提供跟随讲解。因注重社会服务玺宝楼青瓷博物馆荣获了“深圳博物馆建设先进单位”称号。

沈阳华夏饮食文化博物馆以实物、文物、图片数据等3000余件展品，陈述了自火与盐发现和应用以来，近200万年的人类饮食发展轨迹；生动形象地说明我国炊具、餐具、酒具、茶具的性状、发展、演化等过程，展示我国烹饪技术与饮食文化发展史；介绍不同民族的名肴及风味食品；介绍为中华饮食文化作出卓越贡献的烹饪大师、文化名人的功绩。其中饮食文化科普园区，以主题群雕、种植果蔬、饲养家畜，以及文化长廊、景观造型等方法，系统地介绍了饮食养生的科普知识，目前已被沈阳市政府命名为“科普教育基地”，并被指定为“大、中、小学生教学实践基地”，在接待数以万计的参观者中，尤以接待中、小学生为主。

民办博物馆的不断壮大是我国博物馆社会化发展的重要体现，是保护社会流散文物的重要力量，使我国博物馆事业呈现出多样化发展的时代特征和重要趋向。随着广大民众生活水平的提高，越来越多的人开始钟情于文化遗存的鉴赏和收集，与公立博物馆相比，民间收藏范围更加广博，形式多样、门类繁多。如今几乎每一座历史性城市里都有民间自发形成的旧货市场。如果以博物馆学的角度来审视这一社会现象，就会发现这些旧货市场和与之联系的民间收藏爱好者，实际上是在承担着对于那些尚未纳入到博物馆收藏范围的文化遗存的保护职能，使更多的民间文化遗存能够得到保护并传承下来。

浙江华茂美术馆

基于这一认识，博物馆研究人员应将文物收藏保护和研究的范围加以拓展，将民间文物收藏和民办博物馆藏品也纳入所关注的视野。博物馆应对民间收藏爱好者进行有组织、有计划、有目的的培训和指导，使众多的民间收藏爱好者能够更加科学、更加理性地从事文物收藏活动。同时，来自民间的文物收藏为博物馆建立及发展提供了丰富的物质基础，其中一些成功人士会加入到创办博物馆的行列中来。创办上海越窑青瓷馆的收藏家陈国桢先生，意识到仅靠个人力量无法保护和传承越窑青瓷文化，于是决定出借展品给公立博物馆，让收藏爱好者共享文化盛宴。

早年蔡元培曾提出展品的“寄陈”（寄存）。他主张收藏家把自己珍藏的字画寄陈到博物馆来，公开展出，任人欣赏。认为这是一项“公私两利”的工作，既可以丰富博物馆的收藏和陈列内容，密切博物馆与个人或社会团体的关系，而且尤为重要的是使个人或社会团体的收藏获得良好的管理，延年益寿，传之久远[①]。事实上，日本博物馆的展品中有相当数量的“寄托品”。所谓“寄托品”，即团体或个人委托博物馆代为保管的“博物馆级”文物或艺术品。保管期限从 1 年到 10 年不等。在此期间，博物馆有用科学技术手段妥善保管和维护的义务，同时也有作为博物馆展品使用的权力。

“寄托品”在日本国立和公立博物馆的展品中占有相当数量，甚至支撑着一些博物馆的“半壁江山”。例如据 2008 年度统计京都国立博物馆的“寄托品”，竟为馆藏品的近一倍之多。日本共有近 4000 座博物馆，分为国立、公立和民办三种形态，其中民办博物馆占到总数的 32%。民办博物馆的创办者，一般都十分重视藏品的搜集，对自己博物馆的藏品也有一定的研究。不少博物馆是由创办者自己经营、自己管理，少有博物馆专业人才从事运营管理，往往容易忽视专业技术人员的作用。如果专业人才无法引进和补充，博物馆的整体实力则难以提升。

近年来，民办博物馆的一个重大变化在于有实力的企业家的强势介入，改变了此前基本上由收藏者创办民办博物馆的格局。建川博物馆樊建川馆长有着企业家和收藏家的双重身份，历时 30 载，征集藏品的足迹遍及大江南北，他认为“不同内容、风格的博物馆聚集，不同行业、形式的服务业聚集，精神产品与物质产品融为一体，就是‘聚落’的含义。可能与传统博物馆有差别，但这是民办博物馆的生存道理”[②]。四川建川博物馆聚落在建川博物馆的基础上实现发展，占

① 宋伯胤：《博物馆：学校以外的教育机构》，载《东南文化》，2010（6），6 页。
② 唐凯：《让静止的文物活过来》，载《中国文化报》，2010-07-21（6）。

地500亩，规划建设30个左右主题陈列馆，成为国内民间资金投入最多，建设规模和展览面积最大，收藏内容最丰富的民办博物馆。

建川博物馆聚落开放以来已累计接待观众200余万人次，解决当地400余人就业，推动了地方经济社会发展。每逢周末，这里便观众如潮，周边宾馆饭店客满。黄金周期间每天都有数万人来此参观。5月12日地震馆开幕当天，观众多达10万人。建川博物馆的收入包括门票、酒店、餐厅、旅游纪念品、游乐设施、影视拍摄，还包括培训、拓展训练等。目前博物馆的运行费用每年需要1800多万元，收入可以达到2000多万元。樊建川馆长对此表示乐观，“估计明年博物馆能做到5000万元的收入，除去运营成本，还剩3000万元的盈余我们又可以拿来新建一两个馆”[①]。

四川建川博物馆聚落

① 唐凯：《让静止的文物活过来》，载《中国文化报》，2010-07-21（6）。

目前民办博物馆常见的分类主要包括艺术类、民俗类、医药类、故居类、生活用品类、工业器具类、遗址类、化石类、标本类等。一些民办博物馆创办者是经济实力较为充裕的企业家，具有较高的教育程度和较好的社交能力，在艰苦创业之后，物质生活充分得到满足，进而利用自身的资金优势和爱好，创建民办博物馆。为了凝聚企业文化软实力和综合竞争力，上海朝翔生物科技有限公司和上海古猿人文化石材有限公司两家民营企业，相继在叶榭镇建设了上海元亨汉医药博物馆和上海生态建材博物馆。2010 年，这 2 座博物馆双双被列为上海市的科普教育基地[①]。

观复古典博物馆设有陶瓷馆、家具馆、工艺馆、门窗馆、油画馆和多功能馆等专题展厅，同时，该馆在杭州、厦门等城市设有地方馆。经过 10 余年的探索和发展，观复古典博物馆已经形成了独特的办馆方式，强调运营机制完善，强调社会服务功能，在很多方面具有自身的优势。观复古典博物馆至今举办专题展览数十次，出版物数十种，在文化传播与社会教育方面不断付出努力。2009 年 9 月，该馆隆重举办了两个特展，向国庆 60 周年献礼，取得良好社会影响。由于观复古典博物馆在国内外知名度较高，曾多次被指定为重要来宾及国外专业团体参观考察的文化设施。

宁波市创造了民办博物馆的多种实现形式，充分调动社会各阶层创办博物馆的积极性。一是“企业 + 博物馆”模式，例如宁波（鄞州）明贝堂中医药博物馆等，这种运行模式的特点是博物馆的投资主体是企业，企业投资的主要目的是借助民办博物馆来扩大自身的影响力。二是“景区 + 博物馆”模式，例如宁波服装博物馆位于湾底村的天宫庄园景区，博物馆并不是盈利主体，但是通过博物馆

① 张晋洲：《民营企业为何争相建博物馆》，载《解放日报》，2011-06-12（7）。

北京观复博物馆陈列展览

能够提升景区的文化品位，提高景区的整体水平。三是“生产基地+博物馆”模式，例如朱金漆木雕艺术馆等。这类博物馆除了具有一般博物馆的属性外，还具有现代企业产品陈列厅的属性，是产品陈列厅向博物馆的延伸。

20世纪70年代开始，随着经济的复苏，台湾的博物馆事业与文化活动蓬勃兴起。起初各地频频投入巨资修建大型博物馆，营建各县市的文化中心，后来意识到这类建设已经达到饱和，并且由于资金、人员、空间、文物等因素的限制，早前发起的继续兴建大型博物馆的计划基本搁置，转而开始强调地方文化与社区认同，民办博物馆在数量上快速增长。截至2007年，台湾地区共有博物馆582座，类别包括艺术博物馆、历史博物馆、人类学博物馆、考古博物馆、自然史博物馆、科学博物馆、工艺博物馆、产业博物馆、学校博物馆、专题博物馆、民俗博物馆、人物纪念馆、宗教博物馆、影像博物馆等，其中民办博物馆占有较大比例[①]。

台北的袖珍博物馆是亚洲首座，专门收藏当代袖珍艺术品的博物馆，搜罗自世界各地的袖珍艺术品，主要有呈现整座建筑内外布置的娃娃屋，各种房间精致写照的梦幻屋盒，及趣味创意主题作品。走进袖珍博物馆看见大大小小近300件作品，这些精巧的艺术品，大至建筑物体，小到书桌上的钥匙，全部都严格遵守1/12的缩小比例来制作，并尽可能的取用真实材质制作。1.8寸的小电视可以真实播放，1公分高的酒瓶装着真的白兰地，邮票大小般的油画是油彩真迹，木制橱柜、沙发座椅、磁漆、壁纸、水晶吊灯等，无一不是实物实材缩小制作，让人有身历其境的梦幻感觉。

台湾台北袖珍博物馆

民办博物馆以专业、主题类为主，内容和门类丰富且星罗棋

① 何京：《台湾地区博物馆的发展与现状》，载《中国文物报》，2010-12-15（6）。

布，与公立博物馆在文化资源、地理位置上形成互补，是难得的社会文化资源。近年来，我国各类博物馆都加大了对社区服务的力度，使更多的社区民众享受到了博物馆文化的辐射，民办博物馆也在城市社区中日益增多。在这些民办博物馆中，除长期展出的“基本陈列”展品外，时常有社区居民收藏实物的展示，社区居民手工技艺表演等，成为社区中富有文化特色和活力的场所。与传统博物馆的“官办”色彩相比，这些民办博物馆体现出以民办、民享、民乐为特色的民间色彩和社区情调。

2011 年 5 月，中国鼻烟壶博物馆在北京市朝阳区高碑店村正式开馆，这也是第 6 家落户高碑店地区的民办博物馆。在这里参观者不仅能够免费欣赏到数千款产自不同时期的鼻烟壶之外，还能现场了解鼻烟壶的内画制作工艺，甚至可以亲自动手体验制作。此前高碑店地区建设的科举匾额博物馆，收藏有 600 余块元、明、清三代匾额，填补了中国古代匾额理论研究的空白。朝阳区相继在城乡结合部地区建成 18 座民办博物馆，无论从规模、数量以及质量来说，都形成了一种明显的博物馆集群效应。“与其他区县相比，朝阳区的历史文化遗存较少，大量民办博物馆能够有效弥补这方面的不足”[①]。

这些民办博物馆一般规模较小，展品主要是富有特色的社区传统民俗实物、民间工艺品等，它们与居民日常生产和文化生活密切相关，成为记录社区发展历史，展示社区文化特色，促进社区发展的新型文化设施。与此同时，民办博物馆的建设也逐渐得到社区居民和社区组织的重视。尤其伴随居民生活水平的迅速提升，私人收藏爱好的持续升温，更增强了社区民众、家庭或集体创办各类博物

① 华锴：《18 家民营博物馆扎堆北京朝阳区》，载《中国商报》，2011-06-09（2）。

馆的积极性。此类民办博物馆数量越来越多，成为新时期博物馆文化发展中不可忽视的一支力量，成为公办博物馆的有益补充和展示博物馆文化多样性的重要手段，需要继续支持民办博物馆依法办馆，密切关注和积极引导其健康发展。

今天，民办博物馆必须坚持公益性特点，以服务社会及公众为目标，以非营利为宗旨，以安全利益为保障，以提供公平的文化享受为职能，切忌最终成为以文物买卖为核心的民间“文物商店”。虽然说博物馆的定义为“不以营利为目的”，但是不能否认文化资源能够带给博物馆一定的经济效益，并且，这种价值在有些情况下相当可观。民办博物馆的发展需要争取各种外援，但是终究须自身具备造血功能方能长久生存。要做到这一点就必须创新理念，拓展思路，因地制宜，丰富强化博物馆对社会的服务形式与功能，找到博物馆功能与社会需求的结合点，只有这样，民办博物馆所面临的生存发展的问题才能得到解决。

增加高校博物馆社会亲和力的思考[①]

（2014 年 1 月）

高校博物馆，一般是指以高等院校为依托建立的博物馆，包括综合性大学或专业性院校创建的不同类型的博物馆、陈列室或标本室等。高校博物馆是为了教育、研究、欣赏的目的，由高等院校利用所收藏的文物、标本、资料等文化财产设立并向公众开放，致力于服务高等教育发展和社会文化发展的社会公益性组织。高校博物馆具有鲜明特色，是现代教育体系和博物馆事业的重要组成部分，是探索和实践新型人才培养模式、实现高等教育现代化的重要机构，是开展探究式学习、参与式教学、实践教学的适宜场所，是开展原创科研的重要基地，也是构建公共文化服务体系的一支重要力量。

南通博物苑建苑之初隶属于南通师范学校，也是我国最早的学校博物馆。张謇先生创办南通博物苑具有明确的宗旨，就是为了教育，为启迪民智、救亡图存。他在给清政府的呈文中，不厌其烦地阐述了“设苑为教育”的观点。“夫近今东西各邦，其所以为政治学术参考之大部以补助于学校者，为图书馆，为博物苑”。他认为，在当今世界各国能够为政治、学术研究服务的，是图书馆、博物馆，它可以补学校教育之不足。“庶使莘莘学子，得有所观摩研究以辅益于学校。”并认为博物馆可以辅助学校教育，使学校学生能够得到直

① 此文发表于《从“数量增长”走向“质量提升”——关于广义博物馆的思考》，天津大学出版社，2014 年 1 月。

观教育。

张謇先生认为仅凭少数学校，即使能按部就班地教学，毕业后的学生仍有其局限性，怎能成为大学问家，图书馆、博物院可以作为学校教育的后盾，为学生实验和研究服务。南通博物苑各类标本的采集、制作，到文物标本的展示，无不浸透着南通师范学校师生的汗水。南通师范学校对南通博物苑进行管理建设，使之能更好地发挥博物馆的功能，为南通师范学校以及南通地区的学校服务。张謇撰书的楹联“设为庠序学校以教，多识鸟兽草木之名”，悬挂在博物苑南馆月台上，用中国传统的艺术形式告诉参观者，设立博物馆为了辅助学校教育，普及科学知识[①]。

我国高校博物馆建设已有百年历史。例如筹建于1914年的华西医科大学博物馆，拥有4万多件藏品，是我国西南地区最早建立的博物馆。北京地区共有10余座高校博物馆，创立于1909年的北京大学地质博物馆，是我国最早的地学博物馆；北京航空航天大学博物馆是中华人民共和国成立后第一家航空博物馆，在飞机模型爱好者中具有较大影响，每周举行的大型仿真飞行表演总能吸引不少参观者；中国地质大学逸夫博物馆馆藏各类标本3万余件，典型性、观赏性较好。此外，北京中医药大学的中医药博物馆、北京印刷学院的中国印刷博物馆等，这些博物馆都依托高等院校专业特色，在北京甚至全国独具特色[②]。

众多高校博物馆的建馆时间，可以追溯到20世纪60年代。它们的前身多为文物室或标本室，依附于相关学科之下，藏品数量多数在数千件到数万件之间。近年来，很多高等院校对博物馆功能的

① 凌振荣：《张謇博物馆思想的特点》，载《博物馆研究》，2010（3），3页。
② 李江涛：《北京高校博物馆 养在深闺少人识》，载《北京日报》，2010-01-20（15）。

认识发生了明显改变和提升，高校博物馆进入快速发展的时期。目前，我国高校博物馆总数已达到160余所，与全国3000余座博物馆相比，在数量上已经不容忽视，成为博物馆大家庭中一支重要的力量。高校博物馆主要分布于北京、上海，以及四川、湖北、湖南、江苏等地。高校博物馆类型多样，包括考古、历史、民族、艺术、地质、医药、交通、纺织、服装、航空、航天等数十个类别，是我国博物馆体系中的重要组成部分。

目前，高校博物馆在大学教育和学校发展中发挥出越来越重要的作用，不但是教学科研的基地，也是加强与社会各界交流的平台。一些高校博物馆已经成为当地社区，甚至城市的社会教育基地。西北农林科技大学博览园由5个博物馆组成，利用自身展示特色，与相关政府部门和社会公益团体建立起相对密切的联系，获得发展的资金和业务指导。随着我国教育体制改革不断深入，高校博物馆的社会职能显著增强，与社会公众的互动逐步提升，博物馆服务社会、融入社会的呼声日益增强，其中20余座博物馆成为科学普及教育基地和爱国主义教育基地[①]。

北京服装学院民族服饰博物馆是国内第一家服饰类博物馆。自20世纪90年代以来，该馆深入民族地区，对既有民族学意义，又有审美价值的民族服饰加以全面地收集、整理，先后进行了毛南锦、壮锦、土家锦、侗族刺绣、侗族剪纸、苗族蜡染、赫哲族鱼皮服饰、鄂伦春族狍皮服饰、哈萨克族金工首饰、藏族金工首饰等服饰工艺及相关习俗开展考察，完成了一批文字成果，摄制了一批音像资料，收集了一批珍贵的实物藏品，例如在世界上保存最为完整的赫哲族鱼皮衣。对这些世所罕见的文物珍品价值进行真实的记录和综合的

① 崔波：《博物馆，高校风景里被忽视的沃土》，载《中国文物报》，2009-11-04（5）。

研究分析，为保护民族服饰这一优秀民族民间文化遗产，作出了有效而实际的工作。

高校博物馆是学校的一面镜子、一个窗口、一张名片，是校园独特的文化景观。高校博物馆资源丰富，具有巨大发展潜力。首先，高校博物馆的藏品来源广博，其中不乏文物精品；其次，高校博物馆本身专业人员集中，智力资源丰富，有利于提高博物馆的水平；第三，高等院校本身的社会信誉度较高，在博物馆建设和对外宣传等方面都具有得天独厚的有利条件。今天，一些高等院校将博物馆的建设与发展，提高到学校整体发展的战略高度。例如山东大学博物馆的发展凝聚了几代师生的心血，从无到有，办馆条件逐渐完善，博物馆管理理念与水平不断提升。

上海上海交通大学董浩云航运博物馆

高校博物馆可以促进教学与科研的结合。由于完整性、系统性的收藏，先进的展示手段，良好的参观环境，高校博物馆的作用是课堂、图书馆、实验室所不能替代的。高校博物馆还可以促进学生的社会实践。博物馆的讲解员一般都是优秀学生充当。东南大学，南京理工大学的博物馆为学校的贫困学生提供了勤工俭学的机会和社会实践的舞台，均有近 10 名学生参与纪念馆的讲解、服务工作。参观高校博物馆往往是学校新生入学的必修课。目前，全国高校中有 23 座开设了博物馆专业或相关课程，很多教授博物馆专业的教师在本校的博物馆中兼职，成为我国博物馆研究领域的中坚力量，承担很多博物馆领域的研究课题，推动我国博物馆学不断进步。

由美国著名收藏家 A.M. 赛克勒（A.M.Sackler）捐赠的北京大学赛克勒考古与艺术博物馆，于 1993 年正式建成开放，完整地收藏了北京大学考古系半个多世纪的考古成就，成为我国高等院校中第一座考古专题博物馆。由于北京大学考古系在我国考古学界的学术地位，曾经主持或参与过中华人民共和国成立以来很多重要考古发掘，取得的科研成果基本上可以代表我国现代考古学的发展轨迹。从这些考古发掘项目中提取的教学标本，无疑是几代考古系师生为从实物角度补写、重建中国古史而努力的完整写照，同时又承担着培养一代又一代考古学家的教学任务。

北京大学赛克勒考古与艺术博物馆自身的藏品主要由两部分组成。一是北京大学考古系成立之前的旧有收藏和前燕京大学史前博物馆的藏品；二是北京大学考古系成立之后在历次考古发掘、田野教学实习中所获得的教学标本。而后一部分文物藏品是最能反映该馆功能特色的博物馆文物藏品。北京大学赛克勒考古与艺术博物馆，作为带有浓厚教学和学术成分的高校博物馆，记录了考古学者们为人类文明的保存与传承而进行的努力，其学术意义远远超越了观赏意义，造访此处的参观者，不仅仅可以欣赏到精美的古代艺术品，而且更能够透过文物展品看到背后为学术而努力耕耘的考古学者[①]。

当前，我国专题博物馆的建设，伴随着国家经济社会的快速发展和各行各业的迅速兴起，取得了不小的成绩，同时也存在一些困难和问题。高校博物馆一般建设于校园之内，馆舍往往隐秘于教学楼群之中，长期疏于开拓社会资源，缺乏“独立”意识，观众数量往往不多，利用率大大降低。高校博物馆在校内的知晓率也不均衡，或以本校新生为主，或以关联性强的专业学科学生为主，以及校外具有工作关系的参观者。一些拥有许多镇馆之宝的高校博物馆却很寂寞，终年门可罗雀，有的甚至连在校师生都不知晓，有的由于没有良好的展出条件，文物藏品利用率很低。

各具特色的高校博物馆往往依托高等院校的相关专业建成，对于博物馆的管理理念并不熟悉。博物馆的收藏、研究、展览依赖本专业的学科建设，容易形成对社会人群的“专业屏蔽”。人们期待高校博物馆，能够走出学校的围墙，走向更加广阔的天地。相比之下，国外著名大学一般都拥有高水平的博物馆，有的大学甚至建设了不止一座博物馆，例如牛津大学目前有 8 座博物馆，剑桥大学有 7 座博物馆。这些博物馆馆藏资源丰富、科研水平较高、教育功能发挥完善。一些世界著名的高校博物馆充分发挥自己的社会功能，根据馆藏文物特色，设计出众多面向学校之外的家庭、儿童和成人的教育计划，为社会公民的终身学习提供帮助。

目前，高校博物馆虽然发展较快，但是从总体上讲，在社会上的知名度普遍不高，甚至在高等院校内部的影响也明显不足。例如一些专业博物馆的设立没有经过充分论证，缺乏明确的建馆目标和

① 杨煦：《北京大学赛克勒考古与艺术博物馆——文明的守望者》，载《中华遗产》，2009（8）。

江苏南京大学考古与艺术博物馆

长远规划，文物藏品收集思路不明确，甚至偏离本行业的专业领域征集文物藏品，不仅造成资源浪费，也削弱了博物馆的特色和优势；一些专题博物馆藏品管理制度不够完善、文物藏品研究不够深入，陈列展览水平不高，不重视发挥社会服务功能，观众主要局限于行业专家和系统人员，社会公众或没有机会参观，或因专业性太强而使广大民众看不懂。此外，专业博物馆还普遍存在藏品保管、科学研究、展示服务和宣传教育等方面的人才缺乏等情况。

北京师范大学曾就北京高校博物馆在大学生中的影响力进行调查，结果显示，知道也去过本校博物馆的大学生仅有 48%，知道但没有去过本校博物馆的大学生有 39%，还有超过 10% 的大学生根本就不知道本校有博物馆。此外，入学以后去过本校博物馆 3 次以上的大学生仅有 25%。参观本校博物馆之后感觉收获非常多的比例占 5%，比较多的有 41%，感觉一般的则为 46%，主要原因是高校博物馆投入较低、定位滞后和专业性不强①。因此，当前高校博物馆应进一步树立为社会服务的意识，而不仅仅局限于封闭的“象牙塔”内，吸取先进博物馆的成功经验，提升博物馆的专业化功能与社会化职能。

进入21世纪以来，高校博物馆蓬勃发展，为满足广大民众日益增长的精神文化、教育学习需求作出了积极贡献。与此同时，高校博物馆发展中还存在一些问题，博物馆的建设、管理及运营状况与时代要求仍有较大差距，社会服务能力和水平尚待提高，这些问题在一定程度上制约了高校博物馆社会功能的发挥。为加强高校博物馆建设与发展，充分发挥其在科教兴国、学习型社会和公共文化服务体系建设中的作用，国家文物局和教育部联合发出“关于加强高校博物馆建设与发展的通知”。通知要求，各地、各有关部门应充分认识高校博物馆的重要意义，切实重视和支持高校博物馆建设与发展。

通知要求将高校博物馆纳入国民经济和社会发展规划，纳入高等教育事业发展规划，纳入博物馆事业发展规划，因地制宜，制定符合各地高校博物馆发展的目标、措施，鼓励和引导具有中国特色的高校博物馆的科学发展。教育部门要进一步明确高校博物馆在现代高等教育体系中的基础性地位，加强扶持和管理。教育部将会同国家文物局等有关部门制定“普通高等院校博物馆规程”，设立高校博物馆发展指导委员会，建立高校博物馆建设与发展联席工作会议，编制和实施高校博物馆发展规划，明确发展目标，确定发展任务，保障发展资源。并定期向社会发布高校博物馆建设与发展状况信息，

① 丁肇文：《不足半数大学生参观过本校博物馆》，载《北京晚报》，2010-10-08（14）。

增进社会对高校博物馆的认知，引领高校博物馆发展。

要加强对高校博物馆发展的战略研究和统筹规划。高校博物馆建设应以保护、研究和管理为基础，以激励和实现知识的创造、分享、传播为中心任务，以服务和支持高等教育发展为主导，以坚持高校博物馆自身特色为动力，以服务高等教育现代化、支持创建优秀大学为主要目标。要从实际出发，着力于凸显高等院校优势学科特色，完善博物馆功能，把增加博物馆的数量与提高质量结合起来，当前尤其要在提高质量上狠下功夫，要加强博物馆建设工程前期可行性研究、立项、实施等环节的协调指导和评估论证，促进科学决策，要避免不顾实际和可能，盲目追求建设规模的现象。要加强重点博物馆建设，使一批高校博物馆率先跻身国内一流博物馆行列，并向世界先进水平迈进。

要加强履行博物馆业务指导职责，按照《博物馆管理办法》等规定，积极辅导协调高等院校做好高校博物馆的设立注册登记工作，指导高校博物馆业务活动，将高校博物馆纳入行业评估和质量监控体系。积极协调在高校博物馆之间，以及高校博物馆与区域其他博物馆建立长效的交流、协作机制，将高校博物馆纳入博物馆协作网，在藏品保护、陈列展览、社会教育、科学研究、人才培养等业务活动领域开展密切的交流合作，实现优势互补、资源共享。加强博物馆行业协会框架内的高校博物馆专业组织建设，制定行业规范，鼓励高校博物馆加入博物馆行业协会，促进行业自律。

应加强博物馆基础工作，提高专业化水平。大力支持高校博物馆加强系统收藏相关学术领域的实物研究资料和实物性研究成果，提高和优化收藏品质量。建立健全藏品科学保护机制，加强藏品管理及信息化建设，完善建档备案、日常管理等制度体系。强化预防

四川四川大学博物馆

性保护理念，改善馆藏文物保存条件，遏制因环境不利和管理不善致使文物受损的现象。充分发挥藏品资源以及高等院校专业力量优势，搭建开放的高水平研究平台，大力推进博物馆的学术研究，以科技创新推动博物馆的管理创新和工作创新。同时还要增强高校博物馆的社会服务能力，提升社会服务效益。

高校博物馆不仅要积极支持并辅助高校教学和学科建设，参与和融入大学校园文化建设，也要切实履行公共文化设施职能，充分实现社会教育功能。高校博物馆要积极创造条件，最大限度地向社会和公众开放，开放时间应符合博物馆管理规定。要努力提升高校博物馆在展览展示和宣传教育方面的工作水平，大力传播有益于社会进步的思想道德、科学技术和文化知识，不断丰富社会各界民众的精神文化生活。鼓励高校博物馆以各种形式参与公共文化服务体系建设，鼓励将高校博物馆纳入中小学教育内容，鼓励高校博物馆开展各种进社区活动，并积极探索博物馆数字化，通过现代信息技术增强博物馆文化传播、辐射影响力。

与公共博物馆相比，高校博物馆被“封闭”在学校围墙内是最大劣势。实际上，有些百年名校的文化积淀、名人效应是公共博物馆无法比拟的。而校园的特殊气质也往往是吸引社会民众的重要原因。蔡元培先生任中华民国临时政府教育总长期间，在《国立大学与省立大学分别设立议》中认为，国立大学应设大学院、观象台、动植物园、历史、美术、科学诸博物院，“不但供本校师生之考察，且亦定期公开”①。在服务对象上，高校博物馆应由服务校园“小众”向服务社会“大众”转变，要积极将社会引入博物馆，将博物馆引入社会，增强高校博物馆的社会化程度。

校办博物馆固然有学校特有的书卷气，但表现方式必须通俗易懂。在展示内容及宣传方法上，由“曲高和寡”向“雅俗共赏”转变。结合在校学生和社会公众的需要，举办特色鲜明的陈列展览和丰富多彩的博物馆文化活动，将博物馆发展与在校学生学习成长的意愿结合起来，与广大社会公众的文化需求结合起来，通过多种形式开展社会普及活动，并通过各种媒体广泛宣传，拓宽高校博物馆的生存空间。高校博物馆应不断壮大以广大学生为主体的博物馆志愿工作队伍，使志愿服务与素质培养、专业志向和公益精神有机结合。此外，鼓励博物馆专业人员到高校博物馆工作，培养具有良好专业素质的管理与研究人才。

① 宋伯胤：《博物馆：学校以外的教育机构》，载《东南文化》，2010（6），6页。

民俗博物馆建设与非物质遗产保护①

（2014 年 1 月）

随着时代的发展，国际博物馆领域对于文化遗产的认识越来越全面、越来越深入，除了具有历史、艺术和科学价值的物质文化遗产外，与广大民众生活密切相关的、世代相承的各种传统文化表现形式，例如民俗活动、表演艺术、传统知识和技能，与之相关的起居、实物、手工制品等，以及文化空间等也纳入文化遗产的范围，从而表现出对人类整体文化环境的关注。在这一背景下，民俗博物馆得以发展。

世纪之交，当经济、文化和技术的全球化席卷世界的每一个角落，冲刷传统文明的根基时，人们开始进一步对于民俗文化遗产萌发出保护的意识。国际博物馆协会（ICOM）在 1997 年墨尔本大会期间，开始关注对保护无形文化遗产的责任。国际博物馆协会博物馆学委员会于 2000 年 11 月，在德国慕尼黑召开了主题为“博物馆学与无形文化遗产”学术会议，就博物馆与无形文化遗产的关系开展理论探讨，表明国际博物馆领域致力于将无形文化遗产的保护与收藏，纳入博物馆的保护伞下②。

2001 年的国际博物馆协会巴塞罗那大会，在章程修改中第一次把收藏与保护无形文化遗产列入博物馆定义的外延之中。2001 年以

① 此文发表于《从“数量增长”走向“质量提升”——关于广义博物馆的思考》天津大学出版社，2014 年 1 月。

② 陈建明：《博物馆：保护非物质文化遗产的最佳社会组织形式》，见《中国昆明 亚洲博物馆馆长和人类学家论坛文集》，58 页，2006。

来，联合国教科文组织先后通过《世界文化多样性宣言》和《伊斯坦布尔宣言》，要求成员国制定政策、采取措施，使人们普遍尊重反映文化多样性的文化遗产，激励无形文化遗产的传承和传播，并加强国际间协作。在博物馆承担保护无形文化遗产的理论，以及国际准则的探索方面，我国作出了卓有成效的贡献。2002 年 10 月，“国际博物馆协会亚太地区第七次大会暨博物馆无形文化遗产国际学术讨论会”在上海召开，来自 26 个国家、地区和国际组织的 150 名代表出席会议。

这次会议主题是“博物馆、无形文化遗产与全球化”。会议强调文化遗产已经“从物质遗产扩展到无形文化遗产”，提出博物馆是“保护人类无形文化遗产建设性合作伙伴关系的推动者”，这一身份的明确，反映出博物馆领域就承担保护无形文化遗产的职责取得了基本共识。同时，宣告亚太地区博物馆开始了保护无形文化遗产的国际联合行动，唤起亚太地区国家、社会和博物馆对保护无形文化遗产的关注，启动了亚太地区博物馆保护无形文化遗产的创新实践，会议产生了《博物馆，无形文化遗产与全球化的上海宪章》。

《上海宪章》确认民族、地域和社区创造性、适应性与独特性的重要意义，基于此，声音、价值、语言、口述历史和民间生活等，应在所有博物馆与遗产保护活动中得到认可与促进。《上海宪章》指出，“无形文化遗产”具有“确认民族地域和社区创造性，适应性与独特性的重要意义”。《上海宪章》建议，作为保护人类无形文化遗产建设性合作伙伴关系的推动者，博物馆应确定亚太地区文化的丰富多样性，包括种族、民族、肤色、类别、年龄、阶级、信仰、语言、性别差异和地区性特点。创立跨学科、跨行业的方法，使可移动与不可移动、物质与非物质、自然与文化的遗产融为一体。

同时，《上海宪章》提议迎接全球化带来的挑战与威胁，制定办法以最大限度地利用文化、技术和经济全球化所带来的机遇。制定全面开展博物馆和遗产保护实践活动的档案记录方法与标准。开展试点项目，为建立社区参与制定无形文化遗产资源清单的方法作出示范。努力确保以符合地方特色的方式，真实地保护、展示、诠释遗产资源。鼓励不同文化之间的相互理解和有益交流，以促进和平与社会和谐。利用印刷品、视听、影视、数字化和电子通讯技术等各种媒体形式。评估并着手开展有形与无形文化遗产统一管理所需的培训和能力培养，为博物馆和其他遗产机构建立一套有形与无形文化遗产相结合的标准与方法。

国际博物馆界支持联合国教科文组织通过各种活动项目，为保护与宣传非物质文化遗产作出努力，并强调在拟订国际非物质文化遗产保护公约过程中专业机构参与的重要性。2003 年 10 月，联合国教科文组织通过了《保护非物质文化遗产公约》。该公约所指的非物质文化遗产包括口头传说、语言、表演艺术、社会习俗、礼仪、有关自然界和宇宙的知识与实践、手工艺等。公约要求各缔约国对本国的非物质文化遗产进行清点，并采取适当措施、制定相应政策，使非物质文化遗产得到确认、研究、保护和传承，发挥非物质文化遗产应有的作用。

博物馆有保护与收藏物质文化遗产的科学设施和丰富经验，因此也有能力、有责任保护与收藏非物质文化遗产，是对非物质文化遗产进行科学保护和永久收藏不可替代的机构。2004 年，在韩国汉城召开的国际博物馆协会的主题为“博物馆与非物质文化遗产”，呼吁各国博物馆加强对非物质文化遗产的抢救保护工作，这突出表明世界博物馆界正在将文化遗产保护范围，扩展到非物质文化遗产。

随着博物馆自身素质的不断提升，博物馆将成为对非物质文化遗产进行科学保护和永久收藏的不可替代的机构。其中由于民俗博物馆自身性质和功能所具备的优越条件，对非物质文化遗产的保护、研究和传承显得更加突出，更具有针对性。

白俄罗斯明斯克建筑与民俗博物馆

在制定保护物质与非物质文化遗产的法律制度方面，日本曾经走在世界的前列。从明治四年（1871 年）开始，日本先后出台了多部保护文化遗产的法律。日本明治时代以后，急剧推进的近代化政策，使得江户时代建立的“日本文化”发生了很大变化。科学技术进步和生产方式变革的社会潮流，不仅涉及了有形文化遗产，而且涉及了风俗习惯、民间仪式、工匠技术、传统艺术等无形文化遗产。在文明进步的名义下，原本就有“古老陈旧”、“不合时宜”、“缺少继承”等各种说法的无形文化遗产，更是一个接一个地消失。在日本东京，当时极端推崇城市化的社会生活方式，有形与无形文化遗产逐渐被丢在生活的角落，而古老的江户传统，面临在较短的时间内消失殆尽的危险。

因此，日本政府较早即开始实施由国家组织的“民俗资料紧急调查”、“民俗文化分布调查”，不断举行全国性民俗艺能大赛，以及对有形和无形文化遗产进行研究、保护和教育传播[①]。对于民俗文化财，日本政府建立重要有形民俗文化财（如房屋、工具、农具、生活用具等）和重要无形民俗文化财（包括衣食住行、生产、生活、信仰、节日、风俗习惯和民俗艺能等）的认定制度，进行重点保护、维修和展示。从1976年日本开始“重要无形民俗文化财”的遴选，但是对于国家级目录的遴选过程非常严格，并不追求数量的增长，而是坚持原生态标准，因此，到目前为止仅选择了266项。遴选的标准依据多年积累的学术考察和研究成果，重点考察该项目是否具有古老的历史，是否具有典型的民俗文化特色。

负责“重要无形民俗文化财”遴选工作的专家要提前做好全国性的考察工作，搜集资料，制成候选目录并完成说明文字。在这个过程中，专家的独立调研和建议成为遴选工作的重要依据。同时尊重各个专业领域的专家意见和来自学术界的评价，以此来保证遴选工作的透明度和公平性。例如德岛县的“阿波舞蹈”、北海道的民歌“江差追分”等，在日本都是非常著名的民间歌舞，受到世界各地观光者的欢迎，但是这些项目并没有被列入“重要无形民俗文化财”，理由之一便是这些项目在最近的80年里，对原生态进行了加工和美化。在日本，烹调等项目至今没有列入国家级目录，这种慎重的态度也表现出对学术界评价的依赖和尊重[②]。

韩国通过1962年的文化财保护法，保护在近代产业化过程中

① 顾雪林：《最好的教育是事实》，载《中国教育报》，2010-07-22（6）。
② 星野紘：《传统不宜乱改造》，载《人民日报》，2010-05-13（24）。

处于濒危的文化遗产。博物馆是对无形遗产进行科学保护最有力、最重要的机构。首尔历史博物馆开展的“首尔生活文化资料调查”活动，针对处于迅速变迁中的首尔生活文化进行调查研究，以传统信仰文化与目前生活文化等多样主题为中心，通过民俗志编撰和影像记录制作等手段，揭示城市的历史和本来面貌，构成韩国民众精神生活的重要内容。

多年来，我国政府在民族民间文化的搜集、整理、抢救、传承和利用等方面采取了一系列措施。1979 年起，开展中国民族民间文艺集成志书编纂出版工程，全国 5 万多工作者历经 20 余年的不懈努力，收集、整理了流传于我国各民族民间的音乐、戏曲、舞蹈、曲艺和民间文学等方面的文字资料约 60 亿字、图片资料 6 万余张、曲谱 6 亿多字、录音资料 3 万多小时、录像资料 5 千多小时。其中已经开展的 10 部中国民族民间文艺集成志书，以分省立卷的形式出版，填补了我国民俗文化遗产保护在众多方面的空白。

民俗文化遗产概念在我国的提出较晚，它的形态、构成、价值、意义、本质、规律，都仍然处于科学阐释和界定的过程中，与建立起科学、规范、持久、具有完整体系的保护制度距离尚远。目前的民俗文化遗产研究绝大多数还处于资料搜集整理阶段，缺少理论体系的建构，缺少理论高度，缺少意义深度。另一方面，一些地方政府误认为只有自己才是民俗文化遗产传承的救世主，急于求成，从而以政府取代民间，对民俗文化遗产造成保护性破坏[①]。特别是随着形势的发展、城市化进程的加快和现代社会生产生活方式的改变，我国民俗文化赖以生存的环境正在发生着巨大变化。

在此背景下，民俗文化遗产的生存与发展出现了诸多问题。一

① 张贺，吕绍刚：《“非物质”不能过度“物质化”》，载《人民日报》，2007-06-11（11）。

方面大量散落于民间的民俗文化实物和资料得不到收集；一些濒临湮灭的民俗文化遗产得不到及时抢救；保管民俗文物资料的手段落后、设备陈旧；大量已经搜集、整理的民俗文物资料出现老化、发霉、粘连、消磁、虫蛀等问题，面临着重新失去的危险；已经整理完成的民俗文化的资料不能及时出版；对民俗文化传承人无力扶持，民俗文化处于自然消亡的状态。由于从业人员待遇过低，使本来就为数不多的从事民俗文化搜集、研究和表演的人才流失。

民俗文化遗产保护提出的20年，也正是其消失最快的20年。专家指出：一些地方政府把劲儿都使到申报前，一旦申遗成功，得到国家相关部门认定后，地方政府的政绩完成了，就又是庆祝会，又是文化节的，具体的保护工作却被扔到一边。这种做法是非常令人担忧的。商业元素过度地渗入，往往使保护民俗文化遗产的目的迷失在手段之中。乌丙安先生认为，民俗文化千姿百态，现在政府对于民俗文化保护往往存在误区，急急忙忙去“打造”民俗。应当把节日、庙会、民俗活动还给老百姓，让老百姓的东西原原本本地再现，回归老百姓原本的生活状态，回归民俗原有的生活环境。民俗文化不能光凭地方政府“打造”，应当回归百姓生活，存根于民间。

重申报、轻保护，甚至超负荷利用和破坏性开发的现象，如今普遍存在。许多地方申报成功后，将其视为广告招牌，专注于挖掘民俗文化遗产的“含金量”，而非立足于保护。冯骥才先生认为，中国民俗文化扎根于人民的生活之中，传统文化是否得到弘扬，不在于建设了多少“大项目”，而在于是否融入普通百姓的生活之中[①]。与过去民俗文化遗产保护观念淡薄不同，目前保护面临着更为严峻

① 詹婷婷：《民俗专家：民俗活动忌单靠政府“打造”》，载《中国文化报》，2010-05-09（1）。

西藏牦牛博物馆开馆仪式

的问题，利益的巨大诱惑、资源的过分开发、学界的过度解读，这些往往会成为民俗文化遗产保护的致命瓶颈，节日变成“会日”、民俗变“官俗”，民俗文化生于民间、死于庙堂的事例频频发生[①]。

所谓“文化空间”，一是特指按照民间约定俗成的传统习惯，在固定的时间内举行各种民俗文化活动及仪式的特定场所，兼具时间性和空间性。“如黄帝陵就是一个典型的文化空间。许多有关与黄帝祭祀的文化活动、仪式都在这里举行。汉族的龙王庙也是一个典型的文化空间，许多祀龙祈雨有关的仪式活动多在这里举行。”二是泛指传统文化从产生到发展都离不开的具体自然环境与人文环境，这个环境就是文化空间。“如对侗族的大歌而言，唱歌的场所—古楼就是一个特定的文化空间。对于划龙舟的习俗而言，特定地段、特定时间内的江河就是一个特定的文化空间。”三是在一般文化遗产研

① 李舫：《“寻找回家的道路”》，载《人民日报》，2010-06-11（19）。

究中，文化空间还作为一种表述遗产传承空间的特殊概念，“可以用于任何一种遗产类型所处规定空间范围、结构、环境、变迁、保护等方面的，因而具有更为广泛的学术内涵。”

“文化空间”是一个特定的概念。我国传统文化中包含有多方面的“文化空间”，例如多种类型传统民居的选址、构成、布局等，涉及宇宙、自然、社会诸多方面的认知；社区广场、村寨水口、廊桥等空间场所举行的各种民俗、祭祀、礼仪、庙会活动，均构成典型的文化空间。因此，文化空间应该是民俗文化遗产传承中，文化土壤系统的核心部分。

大量民俗文化遗产往往以物质与非物质文化遗产相结合的形态呈现。“人们通常认为，博物馆无法承担保护非物质遗产的功能，认为博物馆只是一个‘储藏旧物的场所’，非物质遗产不具有突出的‘被收藏’特征。其实，这里面有很大的误解，一方面认为非物质遗产无法‘被收藏’，似乎一旦‘被收藏’就是遗产的结束，另一方面认为博物馆只能保护不能传承。这里面实际上割裂了物质遗产与非物质遗产的整体性联系”[①]。以往博物馆重视物质性的有形遗产的征集与保护，而忽略了非物质文化遗产的调查与传承，使博物馆的收藏、研究工作缺乏整体性和系统性。

国际博物馆协会博物馆学委员会前主席 P. 门施（P.Mensch）认为，“博物馆属于信息科学。因此博物馆哲学的最主要之点在于信息。博物馆的物是信息的载体”。任何非物质文化遗产，只要它能被人所感知，就能被博物馆收藏。“事实上，‘物’是博物馆一切活动的基础和出发点。那么，博物馆如何接纳以‘无形的’、‘抽象的’、

① 汪萍：《博物馆与非物质文化遗产浅谈》，载《文博论坛》，2008-04（2），37 页。

'精神或观念性的'为存在特征的非物质文化遗产？"[①] 苏东海教授认为，博物馆必须在理论上把非物质文化遗产与物质文化遗产从博物馆本质上统一起来，博物馆才能顺利地接纳非物质文化遗产，非物质文化遗产的保存和继承才能成为博物馆的重要使命。

近年来，在对文化遗产重要性的认识日益深化的同时，物质文化遗产与非物质文化遗产之间不可分割的关系也被逐渐认识。"非物质文化遗产"称谓中的"非物质"容易让人理解为与物质无关或排斥物质。然而，"非物质"文化遗产并不是和物质完全没有关系，只是强调其非物质形态的特征[②]。事实上，物质文化遗产与非物质文化遗产关系密切，既不能孤立存在，也不能截然分开，其中非物质文化遗产依托物质文化遗产，而物质文化遗产中也包含了非物质文化遗产。只有当物质文化遗产中所蕴含的非物质的文化要素被理解和尊重的时候，文化遗产的真实性和完整性才可能得以保存，同样，非物质文化遗产也必须通过物质的手段才能得以展现并持续地传承下去。

虽然两种文化遗产类型在学理上的划分十分清晰，但是，所有文化遗产都包含"物质"和"非物质"两种因素，两者均是人类创造活动的结晶，物质文化遗产必然包含精神内涵，非物质文化遗产也必然依托物质载体，这是它们本质的联系。离开"物质"理解"非物质"，离开"非物质"理解"物质"，都将失之偏颇。非物质文化遗产属于精神领域，虽然精神领域的内容也是真实的客观存在，但是，它要显示出来就必须具有物质形式。因此，非物质文化遗产的被感知、被保护、被收藏有个物化过程，从非物质到物质的过程。

自古流传下来的民俗文化遗产，不可能保持历史原貌，而是随着

① 陈建明：《博物馆：保护非物质文化遗产的最佳社会组织形式》，载《中国昆明 亚洲博物馆馆长和人类学家论坛文集》，58页，2006。

② 刘托，乔宽宽：《营造技艺与非物质文化遗产保护》，载《中国文化报》，2010-07-16(7)。

社会和时代的变迁，其内容和形态都有所变化。但是，民俗文化遗产的价值常被忽略，只是把它当作民俗，而被排斥在主流文化之外，民俗文化遗产在社会公共领域中不断被边缘化，缺乏公共空间的人文关怀和在时空上的培植引导。由于历史的原因，一些民俗文化消失已久，如果强行恢复，最终只能是制造“伪民俗”。近几年，各种“祭拜”活动在全国各地陆续恢复，但是这些活动往往只有传统的形式，而缺乏传统的内涵。因此，不是对民俗文化传统的恢复和继承，而是破坏。

现在以民俗风情为卖点的旅游项目遍地开花，但是单纯的经济目的使许多民俗文化走形变味，过度的“打造”脱离了原有的生活方式，是对民俗文化遗产的严重伤害。经济利益的驱动，可能使原本充满丰富文化内涵的仪式变为脱离原旨的表演，更有甚者可能会投参观者之所好而进行现代性的加工篡改，致使其中原汁原味原生态的内容逐步瓦解，直至仅存一些作为旅游招牌的文化符号。“伪民俗，是镶着民俗花边的赝品”[①]。制造伪民俗，制造赝品，不但不能使民俗文化得以保护和传承，相反还会误导人们的视听，把假民俗当作真民俗流传下来，这对民俗文化保护不但不利，反而有害。

民俗文化遗产蕴含一个地区过去经济、社会、文化、风土人情及民间习俗等方面内容，是一个地区的历史沉淀和文化缩影。人们要了解一个地方的传统文化概貌及其文化变迁，就必须借助民俗文化遗产。同时，民俗文化不是孤立的文化，它也应该与时代精神保持契合。而且，与时代精神契合的民俗文化才更有生命力。在民俗文化研究中，要将历史与现代结合起来，在现代的环境中研究民俗文化遗产，让民俗文化遗产在现代的视野中绽放出奇异的光彩。据资料显示，目前国内戏曲类博物馆已有北京戏曲博物馆、江苏苏州

① 陈力：《保护民俗文化不应制造伪民俗》，载《中国文物报》，2008-01-25（8）。

昆曲博物馆、广东佛山粤剧博物馆等。

秦腔是中国戏曲四大声腔之一，曾经影响了几十个剧种的发展，在中国戏剧史上有独特的地位。秦腔博物馆深入挖掘散落在民间的、面临消失的曲谱、唱词、脸谱、戏偶等具有文化价值的民俗文化遗产，在对资料进行整理的基础上，组织开展研究工作，其在陕西 107 个县收集到的秦腔剧目有 3000 余种，还有考古发掘的唐代的梨园、明代的道具，以及民间流传的脸谱、皮影、手抄本、印刷工具等大量民俗文物，将秦腔博物馆建成挖掘整理濒临失传的剧目，征集、保存、收藏、研究、展现秦腔辉煌历史的场所，集教育、参观、学术交流、普及戏曲知识等多功能于一体的民俗博物馆。

陕西西安关中民俗博物院

民俗文化是一种看不见、摸不着的文化形态。它蛰伏于人们的脑海里，流传在人们的心灵中。人类的无形文化包括人们的精神信仰、哲学思想、道德观念、价值取向、审美意识及人生理想等。民俗文化遗产保护工作的学术性、专业性和政策性很强。不同门类的保护项目，其特征、发展和规律既存在共性，也有差异。因此，对于民俗文化遗产的保护不能盲目借鉴，也不能相互套用相同模式，而是需要对每个门类的保护项目进行研究，探索可操作的方法，提出符合民俗文化遗产科学性和规律性的保护方式，从政策层面加以指导和倡导。例如我国传统建筑以木结构建筑为代表，有独特而完整的结构和工艺体系，而且延承数千年，至今未曾间断。

我国传统建筑研究的一个重要内容是分析和总结建筑的结构和营造技艺问题。例如作为我国古代建筑研究的开拓者梁思成先生等通过实地测绘获得大量数据，通过解读宋代《营造法式》等传世建筑文献，奠定了古代建筑研究的基础。然而长期以来，我国对古代建筑的保护主要侧重文物本体的物质和静态的层面，而对营造技艺和传承人的保护重视不足。在我国传统建筑技能方面，许多与建造活动有关的手工技能属于民俗文化遗产，例如客家土楼营造技艺、侗族木构建筑营造技艺、苗寨吊脚楼营造技艺、苏州御窑金砖制作技艺等，这些传统技艺成果均包含民俗文化遗产的传承。

20 世纪末，在盛世收藏的大潮下，收藏爱好者的视野超越传统古玩，票证、连环画、像章、烟标等，昔日生活中的各种物品逐渐进入收藏领域。从摇把电话、拨号电话，到传呼机，再到大哥大手机，通讯工具的转变，显示了信息时代的飞速发展；从“手表、自行车、缝纫机”，到后来的“电冰箱、电视机、洗衣机”，生活中三大件概念，随着人们生活水平的提高发生着更易。小到针头线脑，大到家用电器，这些在一定历史阶段具有鲜明时代特色的老物件，承载着市民在特定时期的生活场景，也真实地展现出社会的变迁和时代的步伐。民俗文物的征集和展览得到了广泛的社会赞誉，为普通民众所欢迎。

究其原因，这些民俗文物由于时间相对较晚，承载着几代人挥之不去的人生聚散、世事兴衰和怀旧情结的情感记忆。人们睹物思事，体味着生活的变迁、城市的发展、社会的更替。民俗文物进入博物馆的更深层意义在于文化的传承。随着社会现代化进程的加剧，城乡原有的文化脉络受到冲击。有关学者认为，城市文化在发展中应始终存在一种内在的凝聚力，没有内在的凝聚力，就没有城市得以存在发展的根据。这种内在的凝聚力来自隐性的文化传统，即存在于人们的生活方式、习俗、情趣、人际交流活动的无意识中，一种内在的、稳定、隐性的传统。

博物馆收藏是博物馆为实现其社会责任，根据其自身条件和工作目标而建立的博物馆藏品集合，是特定人类知识门类的系统表现。应该用广泛的观点理解民俗文化遗产中的非物质文化遗产，如果仅将非物质文化遗产限定为口头传统，或将民俗文化遗产仅限定于文艺内容，则使与非物质文化相关的物质文化遗产的范围很狭窄。而如果在博物馆的民间文物收藏、保护、研究中，将物质文化遗产与非物质文化遗产视为相关联的复合型整体，则与此相关的物质资料范围将非常广泛。保存和继承民俗文化遗产，归根到底还是要由当地民众来承担，博物馆不能成为直接的继承者，特别重要的是当地肩负着历史使命的传承人的意识和意志。

博物馆的任务是把被时代和社会价值观的变化而冲击的珍贵的民俗文化遗产，以适合的方法记录下来，并以可靠的方法保管，为更多的人所利用。物质与非物质的藏品与博物馆工作人员结合，才能发挥其科研、教育和流传后世的社会作用，并随着人类认识能力和认识手段的发展，使博物馆藏品成为挖掘不尽的信息资源。在技术层面上要借助现代科学技术，例如充分运用档案记录、照相、录音、录像及多媒体技术和手段，进行民俗文化遗产的抢救和保护工作，力争保存民俗文化遗产直观、“活态”的整体。

开展民俗文化遗产保护，首先面临的是如何正确对待民俗文化遗产的特殊性问题。当前，需要通过博物馆在研究和传播、展示方面的不断的努力，使更多的人认识到这些民俗文化遗产的价值和生命力，从而更自觉、更主动、更积极地加以传承。民俗文化遗产具有各自的特性和发展规律，它们有些在历史长河中逐渐沉淀下来，有些已经消失，有的处于濒危状态，博物馆应发挥自身专业优势，将各种民间艺术、工艺生产过程、民间民俗活动资源等，通过各种保护和陈列展览手段将它们记录展示出来，传之后世。

民俗文化遗产展示要反映当地最典型、最具代表性、最有影响力的传统文化内容。其中非物质文化遗产是具有活态流变性的特殊文化形式，博物馆在对非物质文化遗产进行陈列展示时，应尽量避免采取静止、凝固的陈列展览方式，而应做到非物质文化遗产的存续和“活态传承”。非物质文化遗产表演演出，不应随意地进行商业性加工、改造，不能改变其活态传承的本质。在日本，江户东京博物馆将非物质文化遗产确定为博物馆收集的重要资料，着眼于对正在被迅速遗失的无形文化遗产的保存和继承，把它们编辑成通俗易懂的影像文库形式，并设置公开影像设施，以便任何时候、任何人都可以随时利用。

博物馆是文化遗产保护的重要场所，保护民俗文化遗产是博物馆的重要使命，是博物馆服务社会、服务民众的重要组成部分。应

浙江杭州手工艺活态展示馆

从更广泛的角度收集民俗文物藏品，围绕社区与其文化、自然环境的相互关系加以组织。收藏内容除实物外，还应包括视听材料、物质场所、传统仪式、口述历史和社会关系等方面的内容。博物馆在保护物质文化遗产方面积累的丰富经验、科学标准和技术手段，有助于使其承担起非物质文化遗产保护责任。“只有运作好物质文化遗产和非物质文化遗产这两个车轮，博物馆保护、研究、展示文化遗产的工作，才能迈上可持续发展的快车道”[①]。

我国是传统手工艺大国，而传统手工艺集中体现着中华民族的智慧和实践能力以及创造力。在我国古代丝织物中，锦是代表最高技术水平的织物。南京云锦源于东晋，已有近1600年的历史，元、明、清三朝均在南京设有官办织局，专为皇室织造云锦。南京云锦浓缩了我国丝织技艺的精华，存续着皇家织造的传统，是我国织锦

① 王红星：《当前博物馆需重点抓的三件事》，载《中国昆明 亚洲博物馆馆长和人类学家论坛文集》，124页，2006。

技艺最高水平的代表。南京云锦研究所自成立以来，一直承担着保护、继承和发展云锦的重任。40 多年来，经过不懈努力，加强对云锦织造核心技艺的传承，先后恢复了诸多失传的工艺，征集收藏了 900 多件云锦实物资料，使传承人对每一个环节、每一个技术要点和技术要诀都能完整、准确地传承[①]。

中国昆曲博物馆建在昆曲的发祥地苏州，位于苏州古城平江历史保护街区。1986 年苏州建城 2500 周年，在苏州戏曲博物馆的基础上，利用修复后的全晋会馆古建筑群，筹建中国昆曲博物馆。中国昆曲博物馆自筹备建馆之日起，就把动态的、原生态的昆曲表演定位于博物馆最主要的展示内容，以此作为昆曲博物馆的独特个性和特色，以及和其他各类博物馆的区别。但是在实践中人们认识到，昆曲博物馆如果仅仅把昆曲“活化石”式的展演作为保护工作的全部，将有失偏颇。昆曲博物馆对于昆曲传统演出剧目的挖掘、抢救同样有着义不容辞的责任，甚至应该把它视为昆曲博物馆存在价值的体现。

于是，昆曲博物馆把抢救挖掘昆曲堂名纳入当务之急，把苏州地区仅存的几位年已古稀的堂名老艺人集中起来，对于他们所掌握的昆曲堂名音乐进行挖掘，除了录音录像外，还联合苏州教育学院昆曲大专班，对器乐专业的学生进行传承。2004 年 6 月，第 28 届世界遗产大会在苏州召开期间，与会代表在昆曲博物馆观看了昆曲堂名表演等已濒临失传的昆曲民间表演，赞不绝口。如果说，昆曲博物馆内古老昆曲的展演体现了昆曲非物质遗产的一面，动态的一面，那么，昆曲舞台演出脚本和曲谱、乐师们演奏用的乐器、昆曲表演所用的道具、演员所穿戴的行头等，则直接体现出物质形态。

① 戴珩：《八年辛苦换来花团锦簇》，载《中国文化报》，2009-10-25（2）。

在昆曲博物馆，昆曲这一文化遗产的物质形态，也需要抢救、保护和传承[①]。

江苏全晋会馆——中国昆曲博物馆

蓝印花布起源于江南一带，明代南通地区已有靛蓝出产。蓝草的普遍种植为染制蓝印花布提供了丰厚的染料来源。蓝印花布作为生活用品与南通的农耕文化相伴走过了数百年的灿烂历程。当全国大部分明清染坊受到洋布的冲击纷纷关闭之时，南通由于特殊地理位置，蓝印花布的作坊一直延续下来，植根于南通的蓝印花布小染坊、印染合作社遍布南通各县乡村。中国工艺美术大师吴元新于1996年创办了我国第一家集收藏、展示、研究、生产、经营为一体的蓝印花布博物馆，2002年，南通市政府又出资在美丽的濠河风景

① 顾克仁：《世界非物质文化遗产在博物馆的保护与传承》，载《中国博物馆》，2006（3），37页。

区建立了蓝印花布博物馆新馆。

南通蓝印花布“活态”地表现了江海平原的民俗、民风、民情，它的生产工艺、花样、花版和纹样，具有极高的历史价值、文化价值、科学价值和使用价值。南通蓝印花布博物馆开馆10余年来，在对蓝印花布的抢救、传承中，保护了一大批濒临消失的古旧蓝印花布作品共计1.26万余件，10万多个纹样，收集了古旧蓝印花布花版1500多张，为传承传统蓝印花布技艺、弘扬传统民间印染文化作出了贡献。为了抢救和保护蓝印技艺，吴元新还编纂了《中国蓝印花布纹样大全》，收集整理了他30年来收藏和创作的蓝印花纹样精品，为织染艺人和专家学者提供了研究蓝印花布的丰富资料[①]。

北京民俗博物馆，是北京地区唯一的公办专题民俗博物馆。馆址东岳庙始建于元代，集中了元、明、清三代的建筑风格。东岳庙曾是京城百姓宗教祭祀、民俗活动和民间行会组织议事的重要场所。作为公共传统文化空间的东岳庙，其历史悠久、文化底蕴深厚。北京民俗博物馆依托于东岳庙具有的传统根基和社会基础，利用馆庙相结合的优势，传承民俗文化，并在传统节日实践与保护方面取得一定成果。每到传统节日，北京民俗博物馆必将准备一些传统纪念物。比如端午节的菖蒲、艾草、荷包、五彩丝、雄黄酒，中秋节的兔爷、月光纸，重阳节的菊花、茱萸等等，通过纪念物来深化人们对传统节日的认识。端午节举办包粽子大赛，受到社区居民的欢迎。

北京民俗博物馆针对在校的270名大中小学校学生做过一个调查，结果绝大多数学生说不清楚五大传统节日是什么，只有74人能准确地说出，占总调查人数的27.4%，绝大部分调查者知道端午节包粽子、吃粽子，但是只有14人写出与屈原有关，占总调查人数的

① 刘未：《南通蓝印花布的传承与保护》，载《中国艺术报》，2011-07-08（专刊）。

5.19%。知道中秋节思念亲人，家庭团圆的 24 人，占总调查人数的 8.89%。于是，北京民俗博物馆于 2006 年春节举办了《中国传统节日文物展》。从历年征集的传统节日文物中精选了近千件，辅之以图片、多媒体等多种陈列形式，从多角度让观众了解中国传统节日的丰富内涵。展览期间，展厅内时常可以见到观众拿出纸笔，或用摄像机记录下相关的内容，留言簿上也写满了展览的观后感。

传统节日内容丰富多彩，人们只有在亲身感受中，才能不断加深记忆。中秋节让孩子们学“画兔儿爷”，一个个黄泥素胎在充满想象力的孩子们手中变成了五颜六色的兔儿爷。节日文化的魅力在不知不觉中感染着孩子们幼小的心灵。2007 年端午节，朝阳区 36 个街乡的 200 余人组成的社区和家庭代表队，汇聚北京民俗博物馆。馆里为市民们提供了大米、大枣和粽叶，市民们争相包成了个个饱满碧绿的大粽子。在体味传统节俗的同时，促进了社区居民对传统生活技艺的掌握，增加了生活的乐趣，增进了社区之间的友谊与和谐。春节组织了以家庭为单位的传统体育比赛活动。包括踢毽、推铁环、打沙包、抖空竹，孩子与家长配合协作，同场竞技，增进了学生们对民间传统体育的了解[①]。

民俗文化遗产是一定的生活方式、生产方式的产物，与人们的生活、习俗、信仰紧密相连。它不是凝固的、精致的，而是通过口传心授、世代相传的、无形的、活态流变的文化遗产，其表现和传承都是一个活态的过程。2003 年 9 月，“十里红妆”博物馆在宁海县城关落成，这是浙江省规模最大的民间民俗博物馆，也是采取由当地政府出资完成馆舍硬件设施，民间汇集博物馆藏品，以公助民

① 李彩萍：《传统节日的传承与保护——北京民俗博物馆传统节日活动的实践与思考》，载《中国博物馆》，2008（4），44 页。

办方式建设的博物馆。“十里红妆”博物馆可以称为目前国内唯一展示古代女子生活的博物馆。所谓“十里红妆”是旧时嫁女的场面。人们常用“良田千亩，十里红妆”形容嫁妆的丰厚。

旧俗在婚期前一天，床桌器具箱笼被褥一应俱全，日常所需无所不包。一担担、一杠杠都由挑夫送往，蜿蜒数里的红妆队伍经常从女家一直延伸到男家，浩浩荡荡，銮驾队、龙鼓队、喜灯队、铳队、红妆队，仿佛是一条披着红袍的金龙，洋溢着吉祥喜庆，炫耀家产的富足，故称“十里红妆”。如今千百年来传承下来的习俗逐渐消失。彩电、冰箱替代了红妆器具，汽车等现代交通工具，更使手提肩扛、人流如潮的红妆队伍难觅踪影。十里红妆博物馆的展览以旧时浙东地区大户人家嫁女时的壮观场面为主题，展示相关展品并复原其时场景。主题展览呈线性特征，依次逐步展开叙述。

今天，博物馆在收藏、研究和展示民俗文化遗产方面，具有重大的责任，也是博物馆进一步实现其核心价值，进一步深化社会服务的体现，符合博物馆发展的规律，是博物馆的新时代主题，具有深刻的社会原因和时代影响。博物馆要满足社会的需求，从观念层面上要拓展博物馆传统的文化观念，不仅要重视物质文化遗产的抢救和保护，也要重视对非物质文化遗产的抢救和保护；不仅要对文物藏品进行历史、质地、制作与功能的研究，也要重视对文物藏品的文化分析和解释，研究如何用文物藏品来再现文化；积极参与对民俗文化遗产的抢救和保护工作，给观众展示和为后人保存一个文化的整体。

探索民办博物馆健康发展之路[①]

（2014 年 1 月）

我国博物馆事业已经进入一个全新的发展时期，民办博物馆在其中发挥着越来越重要的作用，成为博物馆事业的重要组成，其发展潜力不可低估。民办博物馆的出现，是当前社会经济成分多样化，社会组织形式多样化在文化领域的反映。而且，随着社会经济生活中这些多样化趋势的发展，可以预见，民办博物馆也必将有一个较大的发展，今后将出现更多形式的民办博物馆。如何加强民办博物馆发展状况研究，及时出台相关政策，保护先进力量，科学规范、扶持和管理民办博物馆的发展，充分发挥其作用，使民办博物馆真正成为博物馆事业发展的积极力量，已成为当前亟待解决的问题。

2005 年 12 月，《博物馆管理办法》发布实施，将民办博物馆称之为非国有博物馆，即“利用或主要利用非国有文物、标本、资料等资产设立的博物馆为非国有博物馆。”根据《博物馆管理办法》的有关内容，我国在博物馆事业发展上采取“鼓励个人、法人或其他组织设立博物馆”和“鼓励博物馆多渠道筹措资金，促进自身发展”的政策，这种扶持和鼓励的政策促进了博物馆设立主体的多元化，使国家、政府部门、高等院校、科研院所、企事业单位、行业组织

① 此文发表于《从“数量增长”走向“质量提升”—关于广义博物馆的思考》，天津大学出版社，2014 年 1 月。

乃至公民个人都可以根据国家的有关规定设立博物馆，各种主题的民办博物馆得以创建和发展。

云南腾冲滇缅抗战博物馆

在地方层面也制定和出台了一系列支持民办博物馆发展的政策、措施。例如 2005 年，东莞市出台《东莞市关于博物馆之城建设优惠政策的实施办法》，鼓励和扶持社会力量参与博物馆建设，给予用地、税收等各方面的优惠，为民办博物馆创造良好的政策环境。安徽省公布了《安徽省民办博物馆管理办法（草案）》。在立法规范的同时，安徽省民办博物馆可以享受政府的多重优惠。除了规范民办博物馆的管理以外，创办民办博物馆可以享受到地方政府的优惠政策。根据这一草案，建设用地使用国有土地的经依法批准可以以划拨方式取得。另外，民办博物馆还将享受税收优惠、捐赠税费减免、参加评级评优等各项优惠政策。

随着我国民众生活水平的日益提高，收藏者的队伍也逐渐扩大，因此民办博物馆逐渐在各地出现，这一现象不仅得到当地民众的积极响应，还得到地方政府的鼓励和支持。2008 年 7 月，宁波市鄞州区政府率先出台《关于鼓励促进我区民办博物馆发展的意见》。该意见从场馆建设与运作、资金补助、用地保障、人员配备、综合设施与服务配套等方面提出了较详细的扶助措施，是我国第一个对民办博物馆进行扶持的政策。一是突出“民办政扶”，破解瓶颈制约。二是突出“民营政管”，提高专业化水平。三是突出“民享政补”，扩大社会效益。

在土地方面，鄞州区政府对民办博物馆实施优先供地，价格按公益类用地标准。在资金方面，规定由个人或民营企业出资筹建、建筑面积在 1000 平方米以上、投资额度在每平方米 4000 元以上的博物馆，区财政予以每平方米 500 元的一次性补助，而且每年按博物馆的规模大小不等补助 5–10 万元。在运营方面，对免费开放的民办博物馆，结合展览等级档次，给予门票及各类展览活动予以补助。为引导民办博物馆有序发展，提高文化品位，建立免费年检制度，每年对民办博物馆实施年度检查，建立年度考核制度，强化对民办博物馆的展览面积、开放天数、经营活动等方面的日常监督。

今天，民办博物馆的实践意义在于，一是民办博物馆成为国家兴办文化事业的重要助力，促进博物馆更加融入社会生活。二是民办博物馆及时抢救大批新的收藏门类，使博物馆文物藏品内容更加丰富多彩。三是民办博物馆多样化的运作机制，对于博物馆事业的发展具有现实推动作用。博物馆是社会公益事业，只有得到全社会的关心和支持，才能生存和发展。民办博物馆的产生是社会兴办公益事业的有益实践。从地域分布上看，目前民办博物馆主要分布在三类地区。一是经济发达的地区，例如浙江、江苏、广东等；二是文物富集的地区，例如山西、陕西、河南、四川等；三是民族特色鲜明的地区，例如云南、内蒙古、宁夏等。

我国对于民办博物馆的实际数量没有准确的统计，而已经在省级文物部门登记的民办博物馆数量，从 2001 年的 131 座，到 2010 年达到 456 座。还有许多虽然对社会开放，但是并未在文物部门注册的民办博物馆则未包括在内。有关资料表明，上海经批准注册的民办博物馆数量仅为 14 家，但是有关统计资料表明上海的民办博物馆超过 110 座；浙江现有被称为民办博物馆的展览设施约 130 座，但是经文物行政部门登记注册的仅有 61 座，约占总数的 47%；安徽目前经文物行政部门正式批准的民办博物馆共 7 座，而未经正式审核的民办博物馆展览设施有 30 多座。

公益性是博物馆客观存在的社会属性，它不以办馆者的主观意识为转移，无论由政府，还是由非政府组织或个人创办博物馆，这些博物馆都具有公益性。博物馆的公益性与博物馆机构的“公立”、“民办”等属性没有关系。目前虽然大多数民办博物馆与真正意义上博物馆存在着一些差距，但是其发展潜力不可低估。今天创建的民办博物馆，很可能就是明天的著名博物馆。美国现在有 8200 多座博物馆，其中民办博物馆约 60%。西方国家许多著名博物馆的前身都是民办博物馆，例如英国大英博物馆、美国大都会博物馆等。事实上，民办博物馆的藏品最终都是要留给后人、留给社会。

当年，J.D. 洛克菲勒（J.D.Rockefeller）利用从父亲那里以一分利借来的 1000 美元开始创业，投身炼油企业并取得成功，他的美孚石油公司几乎控制了美国全部工业和重要铁路干线，并于 1882 年成为美国历史上第一个托拉斯。此后洛克菲勒财团又形成由花旗银行等 4 家银行和 3 家保险公司组成的金融核心机构，这些企业控制着全国银行资产的12%和全国保险业资产的26%。这些资产成为洛克菲勒家族艺术收藏的坚强后盾。洛克菲勒家族真正介入收藏是从第二代开始，整个家族在艺术品上嗜好，促成著名的现代艺术博物馆于1929年5月建立，其营建和管理主要由洛克菲勒家族财务支持。

经过80余年岁月洗礼，如今现代艺术博物馆在现代艺术领域拥有较多重要的收藏，是世界上最杰出的现代艺术收藏场所，拥有馆藏个人作品超过15万件、2万多部电影以及4百万幅电影剧照。该馆也针对设计作品开始典藏，还包括一些科技收藏，小从第一个能自动调整角度的滚珠轴承，大至一台贝尔47D1型的直升机。现代艺术博物馆的收藏为社会民众提供了广阔的视野，每年参观者约为250万人次。如今，洛克菲勒家族已经进入第6代，他们仍然保持着对艺术收藏的兴趣，他们在博物馆发展方面世代的努力，不仅使自己的子孙和家族从中得益，更对美国民众的艺术教育产生了及其重要的影响[①]。

目前，民办博物馆已经是我国博物馆体系的重要组成部分，民办博物馆的功能与作用，越来越得到社会各界的高度评价，并认为国家和政府应对民办博物馆给予重点扶持，给予它们更加充足的生存发展空间，将民办博物馆建设和发展纳入城市文化建设目标，在资金和税收方面享受优惠待遇。2009年11月，国家文物部门在京召开了全国民办博物馆工作座谈会，来自全国多家民办博物馆的经营者、专家以及相关部委、地方文物行政部门代表各抒己见，畅谈民办博物馆发展中的机遇与挑战。

2010年4月，国家文物局、民政部、财政部、文化部等七个部、局联合发出了《关于促进民办博物馆发展的意见》，从制度、政策、

① 《洛克菲勒家族的收藏传奇》，载《文化创新》，2011（2），13页。

机制上提出了促进民办博物馆持续、健康发展的具体办法，民办博物馆的称谓也在经历了私人博物馆、民办非企业法人单位、非国有博物馆等不同称谓之后，统一称为民办博物馆。这是在新的历史时期，针对民办博物馆创办、发展的专门性指导意见，预示着民办博物馆将迎来一个重要的发展机遇期，对民办博物馆的发展必然产生积极的作用。《关于促进民办博物馆发展的意见》出台后，各地已经积极开始相关政策的制定，使民办博物馆看到美好未来的曙光。

作为一个新事物，民办博物馆既有其新鲜积极的内在成长因素，又有一些自身的缺陷和环境制约因素。如何化解消极因素，优化成长环境，是民办博物馆健康发展必须面对的课题。长期以来，资金问题一直是阻碍民办博物馆发展的主要难题。各地政府近期针对民营博物馆出台的政策，都不约而同地关注起资金问题。除广西之外，天津、上海、吉林、安徽、黑龙江等地通过政策调整，支持社会力量和民间资本合作经营，鼓励社会、个人向博物馆捐赠财物。此外，在博物馆贷款、税收优惠方面也将给予支持。各地政府的类似举措，将有望为民办博物馆铺平未来的发展之路[①]。

成都是民办博物馆发展较快的城市，截至2010年底文物部门登记备案的民办博物馆有51家。为促进民办博物馆发展，2010年成都市出台《关于促进民办博物馆加快发展的意见》、《成都市民办博物馆管理办法》等政策，打破民办博物馆在土地征用、人才引进等方面的限制，从建馆用地、资金补助、税费减免、融资支持、产业培育等方面明确了扶持政策，帮助民办博物馆解决创办中的实际困难。《意见》中还特别规定，经审批注册并向社会开放的民办博物馆，其门票收入及相关文化产业收入产生的各种税收，地方实得部

① 孙怡：《多地出台扶持民营博物馆政策》，载《中国商报》，2011-08-11（1）。

分从 2010 年起 5 年内全额返还，之后民办博物馆将依法享受相关税收优惠政策。

目前，我国收藏群体的扩大，使原本趋向萎缩的民间收藏重新活跃，对于博物馆而言，这一现象的产生必然带来深刻的影响。不可否认，在收藏群体中相当一部分人是将收藏作为一种投资行为，着重发现具有升值潜力的收藏内容，他们的收藏眼光和收藏范围不仅限于传统收藏领域。更有一些人士的收藏行为是出于兴趣与责任。基于这个目的的收藏者，更加具有社会使命感，他们的存在是博物馆的有益补充。他们的收藏范围，往往是博物馆没有注意到，或者无暇顾及到的领域，许多藏品当博物馆开始征集的时候，往往错过了最佳的收藏时机，因此这类收藏的存在，可以在某种程度上弥补博物馆的遗憾，收藏内容的多元化必然促进博物馆类型的多元化。

浙江江南铜屋

武汉有一家民办大成美育袖珍科技馆，吸引了不少学生和家长的目光。学生们对该馆陈列的“仿真雷电”“无弦琴”“电磁加速器”“曹冲称象”“欹器”等充满好奇，他们还可以动手参加“火山爆发”“海市蜃楼”“人造旋涡”等小试验的制作。这家袖珍科技馆由周世中副教授自费创办，已经经营了10余年，目前已有100多名志愿者。中国科学院张本仁等6位院士被周世中献身科普事业的精神所感动，自愿当起了科技馆的“无酬顾问”。目前袖珍科技馆已经移植到全国十余个省，建成了数十所“复制”馆，有的馆已建到了国家级贫困县。该馆坚持免费开放，累计接待大中小学生3万余人次。

袖珍科技馆之所以受到社会的欢迎，受到学生们的喜爱，关键是其活动内容切合学生们的成长实际、知识实际，学生们参与其中，寓教于乐。同时，民办博物馆创办者的创业精神、献身精神具有很强的感召力。作为一名科技工作者，周世中先生有一种强烈的责任感。他说：“我们国家还无力在各地建起造价昂贵的大型科技馆，我不想看到孩子们在最需要培养科学热情、创新精神的时候接受不到应有的科普教育。”他的梦想是在有生之年，建100个袖珍科技馆，让我国最贫穷最边远的农村孩子也能走进科技馆。正是怀着这样的责任和感情，周世中在10年前白手起家，最初是在自己家里办起了首个科技馆。

《关于促进民办博物馆发展的意见》指出“由于民办博物馆在我国还是一个新事物，尚处于探索阶段，存在着准入制度不完善，扶持政策不健全，管理运行不规范，社会作用不明显等问题，严重制约了民办博物馆的健康发展。”目前，虽然民办博物馆的发展趋势强劲，但是在实践中还存在着诸多问题，民办博物馆发展基本处于自主生存、艰难前行、自我完善的状态，大多数民办博物馆在发展中遇到了不少困难和问题，存在很多不足和隐忧。作为新生事物，民办博物馆有诸多先天不足。例如缺乏政策法规支撑、缺乏正确办馆理念、缺乏管理标准规范、缺乏运营资金保障、缺乏专业人才力量等制约着民办博物馆的可持续发展。

陈列展览是社会民众了解民办博物馆的窗口，也是民办博物馆发挥其社会功能的基础。目前在陈列展览方面，民办博物馆与公立博物馆存在着明显的差距。由于民办博物馆的创办者往往对于陈列展览的规律不熟悉，重藏品征集、轻陈列展示，导致陈列展览主题思想不明确、内容设计不清晰、形式设计不专业、展品说明不科学、参观路线不流畅、服务设施不健全。由于受资金、人才、专业，以及藏品等局限，缺少科学技术展示手段支撑，对社会公众的吸引力不强。一些民办博物馆的展览，仅仅是货架式的摆放或罗列，展品缺乏必要信息，甚至充斥大量粗制滥造的仿制品，易误导普通观众，不能真正实现博物馆的教育功能。

还有一些民办博物馆的陈列展厅和展品，与经营场所、经营产品布置安排在一起；一些民办博物馆建馆动机的功利性较重，如果管理不当，很可能成为商品展厅或销售场所。这些对于博物馆的价值认识，往往与博物馆的宗旨背道而驰。在目前我国的民办博物馆中，除了规模极小的家庭博物馆之外，大多都缺乏自有产权的馆舍，其馆舍用房基本靠租用或借用。由于租金增长、政府拆迁等方面的原因，许多民办博物馆都有过被迫迁址的经历，有的民办博物馆还多次搬迁，甚至因为馆舍无法解决而被迫关门。由于馆舍不固定、频繁搬迁馆址，使一些民办博物馆很难拥有比较稳定的观众群体。

文物藏品是博物馆的立命之本。但是就目前而言，民办博物馆在藏品来源、藏品的数量品质、藏品结构、藏品陈列展览水平、藏品保藏等方面都不同程度地存在着一些问题。在藏品来源方面，民办博物馆的藏品征集受现行法律法规的限制，藏品来源的渠道受限。此外，由于许多民办博物馆创办人购入文物的渠道不正规，导致有的民办博物馆存在着藏品涉嫌来历不明的现象。同时，由于近年来收藏热的急剧升温，各类藏品的市场价格急剧攀升，已经超出许多民办博物馆所能承受的限度。在藏品数量品质方面，许多民办博物馆的藏品数量不多、品位不高、且真伪莫辨。

实际上，目前我国许多民办博物馆的藏品都没有进行专业鉴定，甚至没有建立藏品档案，这就使民办博物馆藏品的可信度更加难以得到保证。在藏品结构方面，许多民办博物馆的藏品较为零散，系列性差。一些博物馆在购入藏品时更关注藏品的市场价值及升值空间，而忽视藏品与本馆已有藏品之间的关联价值。一些民办博物馆在藏品的搜集上存在着片面追求珍品、孤品甚至是国宝级文物、艺术品的误区。多数民办博物馆对于举办公益性展览和开展公益性活动缺乏积极性，社会教育功能发挥不佳。一些民办博物馆的正常开放时间得不到保证，甚至有的很少向社会公众开放，影响民办博物馆社会服务功能的发挥。

民办博物馆作为新生事物，出现一些问题是正常的。今天我国民办博物馆管理制度所存在的所有问题，几乎都需要通过法治手段来解决。由于缺乏专门的博物馆法律及博物馆管理条例，使我国民办博物馆的设立标准难以统一，有关民办博物馆管理的权限难以解决，主管机关对民办博物馆的执法依据不足、执法权威难以确立，有关各方在解决民办博物馆存在的诸多问题时缺乏方向感，民办博物馆的公益性难以得到保障，对博物馆的政策扶持也难以规范和到位。同时，对于民办博物馆人员进行博物馆职业道德和价值观的培训和引导也显得尤其重要。

博物馆的性质与功能，决定了它的管理和运营必须科学规范。目前，我国对民办博物馆实行的是多头管理体制。这种体制不仅容易造成不同部门之间权责不清、相互推诿，而且容易使管理资源过于分散，既不利于对民办博物馆的扶持和促进，也不利于对民办博物馆的规范和管理。因此，应确立文物行政部门对民办博物馆的行业主管地位，明确针对民办博物馆的行政责任。民办博物馆的创办人在提出设立申请时，必须依照博物馆管理的相关规定，提交其拟设博物馆的藏品目录及合法来源说明，同时书面表明自愿将列入藏品目录中的个人藏品，作为公共财产置于其拟创办的博物馆藏品之中，并在该博物馆存续期间放弃其个人对这些藏品的占用、使用、处分、收益的权利。

当前，公立博物馆全面实施免费开放，其门票收藏的减少和管理成本的增加部分，可以不同程度地得到国家和省级财政资金补助，然而，民办博物馆的财政补助渠道不畅，因此尽管有些民办博物馆也积极地实施免费开放，但其减收和增支却得不到财政的资助，需要自我消化解决，反映出社会资助系统的不完善。从长远角度看，对于一些民办博物馆来说，维持正常开放还可以保证，但是缺乏发展后劲，导致作为公立博物馆补充的作用日渐衰微。如何科学规范、扶持和管理民办博物馆的发展，充分发挥其作用，使民办博物馆真正成为博物馆事业发展的重要组成，已成为当前亟待解决的问题。

在政策法规支撑方面。我国民办博物馆发展状况与发达国家相比，仍有一定距离，特别是扶持民办博物馆的政策制度环境亟待改善。在国家层面，对于民办博物馆发展缺乏相关的法律定位和政策保障，促进民办博物馆实施有效管理方面的法规明显欠缺，没有为社会资本支持民办博物馆发展提供良好的政策环境。目前，对于民办博物馆的藏品征集标准、藏品质量认定、藏品退出机制、公众服务方式、经营管理形式、人才引进途径，以及应承担的社会责任及义务、应享有的权利及效益、法人的变更及继承等方面的问题均缺少具有针对性、可操作性的政策和法规。

同时，对于民办博物馆的藏品管理缺乏行业依据和约束力，相关管理规定不够具体和明确，对于已经成立的民办博物馆藏品管理的各个环节缺乏有效的行业规范，对于已经退出的民办博物馆藏品处置缺乏相应的机制和措施保障。总之，民办博物馆在资金筹措、政策扶持、藏品资源、业务能力、规范管理等多个方面处于相对弱势，需要加强政策研究，促进其实现良性发展。另一方面，国家缺乏强有力的执法制度和措施，致使那些未经批准的民办博物馆大量存在，而对已经注册的正规民办博物馆形成冲击。此外，缺乏对民办博物馆非营利属性的保障制度，致使部分民办博物馆的非营利形象无法得到社会的认可。

在正确办馆理念方面。目前，就申请设立民办博物馆而言，创建者的目标中包含一些复杂的动因，有的是希望通过设立民办博物馆来提升个人收藏品的价值，有的意图借建造民办博物馆得以获取土地资源，还有的希望借助博物馆之名以扩大企业或产品的知名度。一些私人创办的民办博物馆，主要功能定位于较为单一的个人收藏展示；一些企业创办的民办博物馆主要陈列内容定位为行业发展历史、企业文化理念，实现以商养文，宣传企业形象，扩大企业知名度，往往成为博物馆的重要目标，除了行业内部接待以外，作为博物馆应当承担的藏品保管、科学研究、陈列展览、社会教育、公众服务等各项职能难于全面开展。

因此，不少民办博物馆对于公益性事业和经营性产业方面的性质界定不清，或根据广告效应需要，或根据发展旅游需要，或根据提高经营档次需要，或根据藏品交流需要等，开展与追求经营效益相关的各项活动，存在重设立、轻管理，求全求大，忽视特色的问题。更有一些地区在“政绩工程”的影响下，推动民办博物馆一哄而上，挂牌即馆，实际上不少是旅游景点、娱乐设施，而非真正意义上的博物馆，这样就形成诸多不具备民办博物馆办馆条件、未经文物行政部门登记注册、自行挂牌开放的所谓民办博物馆。

在管理标准规范方面。很多民办博物馆属于“无证”开馆，未在任何部门注册登记，就以博物馆或类似名称挂牌运营。大多数民办博物馆的藏品都没有经过专家鉴定，有的藏品来源不甚可靠。“目前对民办博物馆管理比较困难和头痛的是对其藏品的管理，比如民办博物馆业主个人收藏品与博物馆藏品的关系，民办博物馆藏品的征集问题等等，目前还缺乏比较完善、行之有效的法律法规和管理手段，处理不好，民办博物馆很可能成为变相的文物商店和私人文物收购站”[①]。在这一背景下，民办博物馆办馆质量良莠不齐，不少民办博物馆缺少管理经验和规范，存在诸多问题。

例如一些博物馆藏品管理不规范，没有分类、分级、登录、注销等严格的藏品管理程序，藏品登记和档案建设滞后；一些博物馆不重视藏品保管条件，多数民办博物馆文物库房、陈列展厅等处文物保管条件简陋，没有达到国家标准，缺乏基本的藏品保护设施设备，藏品保管环境较差，危及文物藏品安全；一些博物馆陈列展览内容浅薄，形式单一，制作简单，展示效果较差，宣传教育意识淡

① 国家文物局：《中国民办博物馆课题报告》，见《新形势下博物馆工作实践与思考》，文物出版社，2010。

薄；一些博物馆管理松散，服务设施不健全，服务项目仅限于收费讲解，销售商品，没有开展相关教育活动，公益作用难以发挥；一些博物馆开馆时间随意性大，有的博物馆参观须事先联系，基本成为企业或者创办者的接待场所，没有真正成为社会资源，未能体现为公众服务的功能。

在运营资金保障方面。公立博物馆的办馆资金是指国有资金投入，而不是单指国家财政资金投入。因此，许多文物系统以外，由国有企事业单位及各行业兴办的博物馆，虽然不是政府财政直接拨款，但是因其为国有资金支持建立，仍属于公立博物馆。然而，我国民办博物馆大部分由个人、家庭或民营企业筹措资金、决策和管理，藏品主要由个人或企业提供。民办博物馆创办者为筹建博物馆需要投入大量资金，但是往往对博物馆开放后的经费开支预算不足，仅靠一时的热情建立起博物馆，面对长期运营需要的人员工资、日常开销等日益沉重的负担，资金缺口较大，一些民办博物馆甚至难以为继，陷入苦苦支撑的境地。

目前，国家财政经费不能用于支持民办博物馆，社会捐赠受到政策制约，民办博物馆生存与发展的资金来源单一，诸如保证文物安全、改善参观环境等，均需大量的资金投入，而投入的回报却难以实现资金平衡。有关博物馆专家提醒，“民办博物馆的成立相对容易，但运营费用却很高，这是实情。作为一项公益事业，全世界没有一家博物馆是赚钱的，都需要巨大的资金投入和政策的保障支持”[①]。因此对于民办博物馆来说所谓“以馆养馆”难以实现。由于维持博物馆正常开放的资金不足，缺乏来自社会的持续支持，造成

① 《来自文博专家与管理者的提醒“全世界没一家博物馆赚钱”》，载《人民日报》，2010-04-30（12）。

部分独具特色的民办博物馆不能坚持常年开放，面临生存发展的困难。

澳门澳门仁慈堂博物馆

在社会资源支持方面。许多民办博物馆采取家族化管理模式和传统经营方式，内部甚至缺乏基本的专业分工，创办人几乎包揽博物馆的所有工作，从藏品征集、藏品布置；到迎送观众、进行讲解，全都由其个人承担，很少引入专业的管理人员，社会化程度很低，即使引进了少量管理人才，也进入不了决策层。这种情况的出现虽然有节约成本方面的考虑，但是也反映出创办者对民办博物馆的专业性及社会性的认识误区，甚至认为民办博物馆就是创办者的私家产业，因而排斥他人进入，导致一些民办博物馆创办者产生封闭、狭隘的心态，缺乏一种延揽人才、引入公众参与的开放意识，自然降低了民办博物馆的经营管理水平，也影响了民办博物馆获得社会支持的能力。

目前，我国的民办博物馆主要靠创办人的资源投入，缺乏社会资源的支持，民办博物馆的社会扶持系统基本没有发挥作用。因此，走社会化的道路，争取社会资源的支持，是民办博物馆走出困境、持续发展的重要保障。近年来，国家虽然已经出台鼓励社会力量捐赠公益文化事业的税收优惠政策，但是由于优惠比例偏低，相关政策不配套，而且申报程序复杂，难以调动社会力量捐赠的积极性。民办博物馆难以通过正常途径获得社会捐助或政府补贴等形式的支持，各项关于民办博物馆的税收扶植政策亟待制定出台。

在专业人才力量方面。我国民办博物馆的创办者主要有三种类型，一类是有较长收藏经历的私人收藏家；第二类是较有成就的民间艺术家；第三类是有雄厚经济实力，但是收藏经历不长的民营企业家。但是，这些人士往往对于博物馆学基础理论掌握不多，对博物馆管理往往缺少实践经验。博物馆离不开专业人才，民办博物馆也是如此。近年来，随着我国民办博物馆建设高潮的到来，专业人才不足的问题愈发突出。例如针对山西平遥的 12 座民办博物馆人才状况进行考察发现，“平均有工作人员 10 人左右，其工作人员大多在 30 岁以下，70% 以上为中学或以下学历，大专以上学历的人数只占 20—30%，专业文物博物馆人才几乎没有”。

整体而言，民办博物馆的从业人员数量较少，学历水平普遍较低，专业资质状况不佳，尤其是缺乏具有专业职称的研究人员。一些民办博物馆由于缺乏专业人才，文物藏品的学术研究基本处于空白状态；一些民办博物馆由于缺乏保护人才，文物藏品的日常专业维护不能正常开展；一些民办博物馆由于缺乏业务人才，陈列展览缺乏良好的内容设计和形式设计。科学研究力量不足，业务管理水平低下，专业人才队伍薄弱，这些均是造成民办博物馆发展缺乏后劲的重要原因。虽然，一些民办博物馆拥有良好的馆舍设施和相对稳定的办馆经费，但是由于管理水平和运营经验不足，仍然难以正常发挥博物馆职能与功能。

在我国，收藏家、艺术家、企业家创办博物馆，基本上属于个人行为，财产关系、经营关系，也都隶属收藏家、艺术家、企业家本人。因此，与国外民办博物馆依托强大的基金会并由其委托理事会或董事会管理博物馆不同，我国的大部分民办博物馆均由创办者直接经营，其运营资金也由创办者自行负责。博物馆功能的社会公益性质与博物馆财产权、经营权的私有性质之间，不可避免地产生一些矛盾。这种情况就决定了我国这类民办博物馆带有一定程度的脆弱性。就博物馆的文化资源来说，藏品是重要资源，但是必须有一定的经费、人才资源相配置，博物馆才能生存和发展。一些民办博物馆难以为继，主要是后两种资源稀缺所致。

同时，一些城市在民办博物馆管理方面几乎处于真空状态，无论是馆舍的搬迁、馆长的变故，还是管理方式的变更等，都被看作是民间行为，缺乏政府的有效引导和管理，管理体制的缺失，使得民办博物馆处于自生自灭状态，再加上功能性不全，专业性不强，规范性不够，展览空间有限，活动方式单一，管理手段陈旧，拓展思路狭窄等因素，使民办博物馆的正常发展受到严重影响。要解决民办博物馆发展中的这些问题，需要从制度上、机制上进行研究，找出适合我国国情的民办博物馆发展之路。

当前，各地政府对于民办博物馆基本上采取积极扶持的态度。但是缺乏具体的扶持政策和推动措施，由于没有明确的管理办法，民办博物馆面临无人管理的尴尬境地。民办博物馆出现的生存和发展的问题，不仅在于民办博物馆经营者本身，同时也在于社会，有赖于整个社会环境的发展。例如资金问题的解决，就不能仅仅依靠某个企业、某位个人，应该靠全社会的力量，为博物馆提供持续的、强大的资金支持。因此，各级政府作为公共管理部门，应从法律法规层面上，将民办博物馆的建设纳入到宏观管理的视野之中。应给民办博物馆设立一定的标准，例如藏品、展览、馆舍、专业人员及经费来源等，以保证其质量。

随着我国经济实力及社会文明程度的提高，企业及私人等社会力量创办博物馆的实力及动力也将随之增强。民办博物馆必将不断涌现，并最终必然超过公立博物馆的数量。民办博物馆在我国博物馆事业中的文化地位也将随之发生改变。一方面，随着民办博物馆的发展，国家对民办博物馆的管理经验不断丰富，有关民办博物馆的法律制度不断完善，使民办博物馆的运行机制、监督机制、藏品权属制度等，更加有利于保障民办博物馆的非营利性，民办博物馆的公益性将显著增强。另一方面，随着我国的民办博物馆与国内外博物馆的交流合作的增多，民办博物馆自身管理运营经验也在不断积累，民办博物馆的藏品进入及退出制度、藏品保管制度等内部规章制度也将不断健全。

上述两方面的因素，将促使我国的民办博物馆的法人治理结构及内部组织结构更加规范、合理。以理事会为决策中枢、以监事会为监督机构、以馆长为执行机构的法人治理结构，将在我国的民办博物馆中普遍设立，民办博物馆的内部岗位设置、人力资源结构、日常运行机制等都会更加科学。同时，随着我国民办博物馆的发展，国家对民办博物馆的扶持政策会越来越具体和明确，针对不符合准入标准的民办博物馆的执法制度也会更加有力，对民办博物馆的非营利属性的保障制度也会越来越严密。如此，我国民办博物馆的政策制度环境将有显著的改善。

为贯彻落实《关于促进民办博物馆发展的意见》，探索支持民办博物馆发展的长效措施，提高民办博物馆的专业化水平，鼓励与推荐经验丰富的公立博物馆业务骨干参与民办博物馆的运营管理。国家文物局于 2011 年 3 月至 12 月开展“国有博物馆对口帮扶民办博物馆”试点工作。通过委托省级文物行政部门组织国有博物馆对民办博物馆的藏品保护、陈列展览、科学研究、人才培养等业务活动实施“一对一”的帮扶，努力培育一批法人治理结构规范、专业水平高、社会影响力大的优质民办博物馆，并积极推动民办博物馆与国有博物馆在合作中相互借鉴，共同进步，在竞争中优势互补，相互促进。

为充分调动和发挥各方面积极性，确保试点效果，试点工作采取自愿申报、专家评估、择优确定、统一部署的原则。试点省份确定一个国有博物馆作为帮扶实施单位，建议为业务能力强、办馆经验丰富的国家一级博物馆，特别是省级博物馆和省部共建国家级博物馆要发挥龙头和引领作用。同时，试点省份确定一个民办博物馆作为帮扶对象，拟确定为帮扶对象的民办博物馆，必须依照《博物馆管理办法》登记注册和正常运行，通过博物馆年检，法人治理结构基本规范，藏品体系健全且产权明晰，展示服务工作基础较好，在本地区具有一定代表性。希望通过一系列改革措施，使民办博物馆事业走上健康发展之路。

一是明确应有法律地位。民办博物馆，从诞生到现在，曾经有过多种名称，从“私立”或“私人”，到“非政府”或“非国有”，再到“民间”或“民营”。之后，“按照国家有关规定，民办博物馆被定性为‘民办非企业单位’，在具体管理中视同为一般的民间团体。这一身份定位，给民办博物馆的生存和发展带来了诸多尴尬和困难”[①]。根据《博物馆管理办法》，非国有博物馆和国有博物馆在一定程度上享有同等的地位。今天，国家允许公立博物馆和民办博物馆并存，允许非文物、非高档、非精品的大众化收藏、展示机构与重要文物收藏机构并存，实现博物馆设立主体的多元化发展。

目前，公立博物馆全面实施免费开放。尽管有一些民办博物馆也积极实施免费开放，但是其减收和增支却得不到政府财政的资助，需要自行解决。民办博物馆的“民办非企业单位”身份，造成与公立博物馆的诸多差别[②]。因此，应明确民办博物馆与公立博物馆同等的法律地位。比照国家扶持民办学校等公益性事业的优惠政策，明确扶持民办博物馆的政策措施。对于符合法规准入条件，经文物行政部门审批予以注册的民办博物馆，应同公立博物馆一样给予相应的扶持和优惠政策，对一些重点特色民办博物馆应给予一定的经费扶持。在规划建设、土地征用、税费减免、从业人员职称评定等方面与公立博物馆一视同仁。

二是建立法人治理结构。我国民办博物馆，与欧美发达国家的私立博物馆有所不同。在欧美国家拥有私人收藏的家族或个人，如果希望创办一座博物馆保存和展示这些藏品，便将藏品捐献给一个社会基金组织，社会基金组织负责筹办并经营博物馆。而原拥有藏品的家族或个人，一旦将藏品捐献出去，实现所有权转移，便与藏品不再拥有财产关系，而实际上它们已经成为社会财富。我国民办

① 刘修兵：《民办博物馆的四大尴尬》，载《中国文化报》，2009-11-20（4）。
② 乔欣：《民办博物馆，经费从哪儿来》，载《中国文化报》，2010-03-03（6）。

四川安仁博物馆聚落

博物馆藏品的财产关系往往没有实现所有权转移，仍然属于博物馆创办者所有，同时，博物馆的筹办与经营，也由藏品拥有者负责[①]。一些发达国家拥有上百年历史的民办博物馆都有比较完善的制度，而不是靠个人或企业的水平和力量。

日本的博物馆有国立、公立和私立三种形态，共有私立博物馆1405座，占博物馆总数的32%，在这些私立博物馆中，595座由非营利机构负责支持。“一个私人博物馆要想真正长久地运转，需要的不是一个人，而是一个完善的制度”，“制度的优劣决定私立博物馆的生死存亡”[②]。由社会人士参与的理事会或董事会负责博物馆的决策与管理，是国际上博物馆普遍采用的制度，一般无论何种内容的

① 马自树：《扶持民办博物馆的成长》，载《人民日报》（海外版），2010-04-23（15）。

② 康棣：《观复博物馆讲述“椅子”与“盒子”的历史》，载《中国文物报》，2009-11-04（8）。

民办博物馆，都设有理事会或董事会等决策机构，以保障民办博物馆及其行为的独立性、科学性。例如美国一些依靠基金会运行的博物馆，一旦基金会不能提供资金保障，其藏品须归国家或公共所有。2004 年，观复古典博物馆改为理事会制，目前有理事 15 人，马未都馆长明确表示，“我们将来会以基金会的形式管理，把博物馆留给社会而不是某个人”[①]。

三是完善扶持发展政策。对于处于发展初期的民办博物馆而言，政府的资金扶持至为关键，因此应采取多种方式，给予民办博物馆资金扶持。例如在博物馆专项补助经费方面，应当给予民办博物馆与公立博物馆相同的待遇。通过设立专项资金，对民办博物馆科学研究、人才培养、合作交流、藏品保管、重要展览、文化活动等进行专项补贴；实施免费开放补助对民办博物馆提供资金支持。支持民办博物馆申办特色展览，以购买公共文化服务的形式进行资金上的支持。民办博物馆的发展瓶颈，主要是建造馆舍所需土地、建筑资金和税收优惠等问题，在这些方面尤其应该研究制定扶持政策。

在馆舍用地方面，应给与民办博物馆的馆舍用地以公益性文化用地的待遇，对符合国家《划拨用地目录》规定的民办博物馆的建设用地，经县级以上政府批准，可以采取划拨方式提供土地。在建设资金方面，各地可以利用在布局结构调整后闲置的房产，支持民办博物馆发展。可以在文化旅游景区内规划建设民办博物馆，为民办博物馆提供馆舍和基础设施运行保障。在税收优惠方面，应给予民办博物馆与公立博物馆相同的税费优惠。在现有的营业税、所得税等方面税收优惠的基础上，加大对民办博物馆的税收优惠力度，

① 刘欣随：《民办博物馆的中国式生存》，载《中国文化报》，2010-08-04（6）。

尤其是应当对民办博物馆免征房产税和城镇土地使用税。民办博物馆在接收捐赠、门票收入、非营利性收入等方面，可按照现行税法规定享受有关优惠政策。

四是树立正确办馆理念。规范的民办博物馆，是面向社会公众开放的非营利性文化事业单位，具有无可置疑的公益性。民办博物馆在享有权利的同时，也必须承担提供优质社会服务的义务。努力保护、研究、保管和展示我国丰富多彩的文化遗产，是我国民办博物馆的光荣使命。民办博物馆要利用好自身的特色优势，突出其资源的稀缺性和唯一性，形成自己的品牌，并成为某一领域的收藏中心、展示中心和研究中心。因此，民办博物馆对自己的长远规划要有明确认识，要针对博物馆发展目标设立管理制度。同时应建立职权监督与社会监督相结合的监督机制，确保民办博物馆履行其社会责任。

博物馆是不以营利为目的、为公众服务的永久性机构，应具备展示、教育和研究功能。博物馆不同于企业或其他实体，不能以盈利为目的，必须承担一定的社会责任和义务。民办博物馆首先必须是真正的博物馆，而不能是进行商品经营的“古玩商店”。民办博物馆的基本宗旨是变个人所藏之宝，为全社会共享之物。这一理念成为全体民办博物馆管理者的良知和觉悟。民办博物馆建设必须贯彻节约集约用地的原则，严格执行《博物馆建设用地指标》的规定，严禁改变博物馆用地的土地用途，不得以划拨土地使用权抵押。民办博物馆因故终止的，其用地由国家依法收回后继续作为博物馆建设用地。

五是制定管理标准规范。对于民办博物馆，在设立审批时要有明确的准入条件，特别是对场馆、藏品、人员、资金、安全等方面要有量化指标，一方面，提高文物行政部门审批的可操作性，另一方面，促使个人或相关组织，对照准入条件不断努力、尽快满足创办民办博物馆的各项要求。民办博物馆应该拥有一定数量及价值的藏品，藏品基本形成系列或形成专题，拥有相对固定、适宜开放的馆舍建筑，拥有必要的办馆资金和运行经费，申办者应具备相应的研究和管理能力，并能坚持常年对社会开放。民办博物馆应当完善藏品目录及档案制度、藏品保藏制度、藏品信息及复制品的标注制度、岗位管理制度、人事管理制度、财务会计制度、突发事件处置制度等各项规章制度，实现民办博物馆的规范化、制度化管理。

政府应建立健全对民办博物馆的评估制度，建立规范、科学的评估指标体系，并将评估结果与政府对该民办博物馆的资源投入相挂钩。政府主管部门应当完善制度，加强对民办博物馆的监督检查，并通过聘请特邀监督员、强化社会评价等制度，加强对民办博物馆的社会监督，以建立职权监督与社会监督相结合的监督机制，确保民办博物馆履行其社会责任。政府鼓励民间力量办博物馆，但并不是有经济实力或拥有物质资本的人都可以创办民办博物馆。民办博物馆一旦设立，就不能随意关闭，全年开放时间应不少于 8 个月。

六是规范馆藏文物管理。创办民办博物馆必须是拥有藏品的个人或私营企业。具体条件包括藏品数量达到 500 件（套）以上，有固定的、适宜开放的专业馆址，有管理章程和与其业务活动相适应的从业人员等。民办博物馆的藏品不能完全视为个人收藏的藏品，它与个人收藏的藏品在性质上有显著差别，个人收藏的藏品更大程度上是其所有者的财产，可以在法律规定之下个人自由处置；而民办博物馆对藏品的处置要受到相关规定的约束和监督，不可以随意处置。例如美国一些依靠基金会运行的博物馆，一旦基金会不能提供资金保障，其博物馆藏品须归国家或公共所有。

根据国际通行的“私物公用”法理，民办博物馆所有权的支配也受到一定制约，不可随意处置。民办博物馆藏品退出馆藏序列，须经省级文物行政部门审核批准。近年来，越来越多的民办博物馆管理者认识到，博物馆藏品应属于全社会，是全社会的共同财富，愿意将分散秘传的个人收藏，转化为全民共享的博物馆馆藏，对其予以妥善收藏、保管、注册和登记。2007 年 12 月，建川博物馆樊建川馆长与妻子办理了公证，将 10 个博物馆、两个主题广场连同土地，一并转给成都市政府。这些民办博物馆创办者的文化追求和公益情怀，应该获得社会的广泛尊敬。

七是提升管理运营水平。应从民办博物馆的主体资格认定、行为准则、权利义务等方面加以规范，统一标准。应加强绩效考核，充分调动民办博物馆员工的积极性，增强其敬业意识，提高其职业能力，改进民办博物馆的内部管理。在民办博物馆开展日常业务工作时，还应协助其开展藏品征集、文物鉴定、举办展览、博物馆年检、编写宣传出版物等项工作，提供相应数据和文件；应当通过设立科研项目、给予科研补贴、实施成果奖励、纳入评估指标等方式，积极推动民办博物馆开展科研工作，提升民办博物馆的科研水平；应建立针对民办博物馆的培训制度，逐步推进民办博物馆馆长、讲解人员等关键岗位人员的持证上岗。

应当解决民办博物馆的专业人员，在职称评定方面的障碍，使民办博物馆的专业人员能够正常地晋升职称。应为民办博物馆开展学术研究和社会教育活动提供组织保障；应加强对民办博物馆的业务指导，通过监督检查及组织专家巡视、组织培训交流等方式帮助民办博物馆提高业务水平；在民办博物馆举办活动时，应协助组织新闻报道和宣传；应当鼓励民办博物馆的管理人员和专业人员参加学术会议、进行经验交流，并对民办博物馆人员参加高水平国际学术会议给予适当的经费补贴，以帮助民办博物馆的工作人员开阔眼界、提高水平。

八是营造社会支持环境。民办博物馆的生存和发展问题，不仅仅只在经营管理的本身，更在于社会。民办博物馆的成熟和壮大，有赖于健康的社会环境。一些民办博物馆经过持续努力，对所在地区的影响逐渐增大，有的甚至成为带动地方社会经济繁荣发展的重要力量。随着民办博物馆的社会影响力及公益性越来越受到社会的认可，社会各界对民办博物馆的资源投入，例如捐赠及志愿服务等也会逐渐增加，从而使民办博物馆的社会扶持系统的作用得以彰显。应引导社会资源通过捐赠、赞助等方式支持民办博物馆发展，民办博物馆的藏品数量以及品质也会有所提升，与公立博物馆之间的差距将明显缩小。

应通过舆论宣传、扩大民办博物馆的知名度及社会影响，创造有利于民办博物馆发展的社会环境。应推动民办博物馆与公立博物馆及海外博物馆开展交流互访，帮助民办博物馆借鉴其他博物馆的成功经验。应当保障民办博物馆合法的经营权，在确保民办博物馆的经营收入用于博物馆事业发展的前提下，尽量改善民办博物馆的经营条件。民办博物馆应当保证足够开放时间，执行国家对学生、残疾人、老年人的优待政策，结合自身特点举办宣传科普、文化、环保等方面的公益展览，树立健康的展示导向，充分履行其社会责任。